Über dieses Buch In diesem Band der Reihe »Lebensbilder. Jüdische Erinnerungen und Zeugnisse« beschreibt der Autor, der noch 1939 dem sicheren Ende in den nationalsozialistischen Konzentrationslagern entkommen konnte, die Geschichte seiner weitverzweigten Familie, die in der Umgebung von Aachen auf dem Lande gelebt und gearbeitet hatte. Seine Mutter entstammte einer Gelehrten- und Rabbinerfamilie aus Wiesbaden, sein Vater war – wie viele seiner Vorfahren – Bauer und Viehhändler im Landkreis Aachen.
Es ist eine Geschichte von Fleiß und harter Arbeit, von sozialem Aufstieg und Glanz, von Wohlstand und tiefer Gläubigkeit. Auf der anderen Seite eine Geschichte von Neid und Ablehnung, sozialer Mißgunst und existenzgefährdender Bedrohung, der sich diese jüdische Großfamilie auch schon vor 1933, ganz besonders aber nach der Machtübernahme durch Hitler, ausgesetzt sah.
Im Schutze des NS-Regimes wurden nun alte Rechnungen beglichen: Der Antisemitismus, der sich auf dem Lande gerade an den sogenannten Vieh-Juden rieb, die in der Tat nicht selten eine bedeutende Rolle als Wirtschaftsfaktoren gespielt hatten, konnte sich nunmehr ungehindert austoben.
Die Familiengeschichte der Lucas' wird äußerst dramatisch erzählt. Vor uns entstehen plastische Bilder von wirklichen Menschen, die zwar schon rechtzeitig die heraufkommenden Bedrohungen erkannten, aber dennoch Hoffnungen auf ein Weiterleben in Deutschland setzten, die sich dann aber doch als Illusionen erwiesen. Die Geschichte der Lucas' endet für den einen Teil in nationalsozialistischen Konzentrationslagern; dem anderen gelang die Flucht über die Grenzen – dieser Teil lebt heute in Übersee und in Israel.
Der Text dieses Buches ist nahezu authentisch. Er wurde unmittelbar nach dem Zweiten Weltkrieg in Palästina auf Englisch verfaßt, noch ganz unter dem Eindruck der Ereignisse. Spätere Nachforschungen haben ergeben, daß der Autor aus dem Gedächtnis heraus mit allerhöchster Präzision geschrieben hatte, ohne im Besitze von Dokumenten und anderen Unterlagen gewesen zu sein.

Der Autor Eric Lucas, geboren 1915 in Aachen, wuchs wohlbehütet in und um Aachen auf, besuchte dort und in Köln das Gymnasium. Als 24jährigem gelang es ihm, unmittelbar nach der sogenannten Reichskristallnacht über Ostende und London nach Palästina zu fliehen. Er arbeitete dort lange in einem Kibbuz und bekleidete hohe Funktionen in der zionistischen Bewegung. Seine Eltern wurden in ein polnisches Getto verschleppt; von ihnen fehlt danach jede Spur.
Lucas hat sich immer auch als Autor betätigt. Seine 1945 verfaßten Erinnerungen wurden 1982 in den Heimatblättern des Kreises Aachen veröffentlicht. 1988 erschien in London ein Roman unter dem Titel »Kampfbereit« (Embattled), in dem er – leicht verfremdet – erneut die Geschichte seines Überlebens aufgearbeitet hat.
Eric Lucas lebt in Israel.

Lebensbilder

Jüdische Erinnerungen und Zeugnisse

Herausgegeben von
Wolfgang Benz

Eric Lucas

Jüdisches Leben auf dem Lande

Eine Familienchronik

Aus dem Englischen übertragen
von Hildegard und Ernst Cassel

Mit einem Vorwort von
Rudolf Dieregsweiler

Fischer Taschenbuch Verlag

6.–7. Tausend: Januar 1994

Überarbeitete Neuausgabe
Veröffentlicht im Fischer Taschenbuch Verlag GmbH,
Frankfurt am Main, Dezember 1991

Umschlaggestaltung: Buchholz/Hinsch/Hensinger
unter Verwendung eines Fotos
›Einweihung der Hoengener Synagoge im September 1926‹
Gesamtherstellung: Clausen & Bosse, Leck
Printed in Germany
ISBN 3-596-10637-0

Gedruckt auf chlor- und säurefreiem Papier

Vorwort

von Rudolf Dieregsweiler

I.

Eric Lucas wurde als Kind jüdischer Eltern am 12. Oktober 1915 in Aachen geboren. Sein Vater Isaak Lucas war Viehhändler und hatte es durch harte Arbeit und eine glückliche Hand in seinen Geschäften zu Wohlstand und Ansehen gebracht. Die Familie Lucas stammte aus dem Dorf Warden bei Hoengen im Kreis Aachen.[1] Dort hatten die Lucas' seit Generationen als Landwirte, Metzger und Viehhändler in einfachen Verhältnissen gelebt. Den anderen jüdischen Familien im Ort und in der näheren Umgebung, Landwirte und Viehhändler gleich ihnen, waren sie in der Beobachtung der religiösen Gesetze und Gebräuche sowie durch verwandtschaftliche Beziehungen verbunden. Wenn auch Quellen über jüdische Familien für die Zeit vor 1800 nur spärlich fließen, so deutet doch eine alte Flurbezeichnung »Am Judenpfad« nördlich von Hoengen darauf hin, daß hier schon lange Juden ansässig gewesen sind. Auch hat die ehemalige jülichsche Unterherrschaft Warden im 18. Jahrhundert einen ausgiebigen Gebrauch von der Ausstellung von Aufenthaltsgenehmigungen für Juden gegen Zahlung bestimmter Geldsummen gemacht.[2] Dies erklärt, warum sich gerade im Wardener Gebiet besonders viele Juden niedergelassen hatten.

Kurz vor Isaaks Geburt, 1878, verzog die Familie in den Nachbarort Hoengen, wo Isaak mit seinen acht Geschwistern aufwuchs. Er besuchte die eine Wegstunde entfernte jüdische Schule in Langweiler bis zum 14. Lebensjahr, betätigte sich schon in seiner Jugend im Viehhandel, leistete den zweijährigen Militärdienst und heiratete schließlich 1911. Seiner späteren Frau Hedwig Sulzberger war er auf der Hochzeitsfeier seiner älteren Schwester Julia in Wiesbaden begegnet. Isaaks Entschluß war rasch gefaßt. Hedwig entstammte einer streng orthodoxen jüdischen Familie, aus der seit Generationen Rabbiner und Gelehrte hervorgegangen waren. Sie war 1885 in Wiesbaden geboren worden und von Jugend auf an das Leben in der Großstadt gewöhnt. Nach ihrer Heirat mit Isaak war für die junge Frau aus der eleganten

Kur- und Residenzstadt am Taunus das Leben in einer Metzgerfamilie auf dem Land eine harte Umstellung. Deshalb suchte Isaak im Stadtzentrum von Aachen nach einer passenderen Wohnung für seine Frau. Nahe beim Hauptbahnhof in der Kasinostraße erwarb er ein dreigeschossiges Haus, wo Hedwig die gewohnte Atmosphäre einer Großstadt nicht entbehren würde.[3] Hier wurden Eric und seine beiden Schwestern Ruth und Ina geboren. Isaak konnte allerdings mitten in der Stadt trotz der glücklichen Entwicklung seiner familiären Verhältnisse nicht heimisch werden. Es zog ihn aufs Land zurück. Nach dem Ende des Ersten Weltkrieges und der Entlassung aus dem Kriegsdienst suchte er nach einer ländlichen Wohnung am Stadtrand von Aachen. In dem Vorort Forst fand er schließlich ein geeignetes Anwesen an der Trierer Straße mit einem halbverfallenen Gehöft, das er zu einem Wohnhaus herrichten ließ. 1920 bezog die Familie die neue Wohnung. Sie war nur wenige Straßenbahnminuten vom Stadtzentrum entfernt, aber Isaaks Blick ging über die Wiesen, auf denen seine Kühe weideten, wie zu Hause in Hoengen.

Eric verlebte mit seinen beiden Schwestern unbeschwerte Jahre der Kindheit und Jugend auf dem väterlichen Anwesen in Forst. Manchmal riefen ihnen die Nachbarkinder Schimpfwörter nach, weil sie Juden waren. Einmal drohte eine hungernde Menschenmenge, das Haus zu stürmen, aber dies waren einzelne Ereignisse, die noch nichts mit der Verhetzung der kommenden Jahre zu tun hatten.

Eric wurde Mitte der zwanziger Jahre Schüler des Aachener Hindenburg-Gymnasiums.[4] Hier erlebte er, wie die Schulatmosphäre allmählich von wenigen einzelnen, die dem Rassenwahn bereits erlegen waren, vergiftet wurde. Um so mehr ist die Haltung des damaligen Schulleiters Dr. Rocca hervorzuheben, der seine Schüler bis zuletzt ermahnte, »den Parolen des modernen, zerstörenden Radikalismus nicht zu verfallen«[5]. 1931 wechselte Eric die Schule. Er besuchte nun die jüdisch-orthodoxe Jawneschule in Köln. Das Hindenburg-Gymnasium stellte ihm folgendes Führungszeugnis aus:

»Aachen, den 29. VII. 1931

Führungszeugnis!

Der Obertertianer Eric Lucas war immer korrekt und taktvoll im Verkehr mit seinen Lehrern, kameradschaftlich gegenüber seinen Mitschülern. Stets betonte er, wenn die Rede auf religiöse Dinge kam,

seine orthodoxe, israelitische Überzeugung. Gelegentlich eines Aufenthaltes der Klasse in dem Landschulheim der Hindenburgschule verrichtete er die dem Ritus seiner Religion entsprechenden Gebete und konnte so seinen israelitischen und manchem seiner nichtisraelitischen Mitschüler als Vorbild dienen.
Er verläßt die Anstalt, um eine streng israelitische Schule in Köln zu besuchen.
Gez. Dilz
Gez. Dr. Rocca.«[6]

Nach 1933 wurde Isaaks Kampf um seine berufliche Existenz und das Überleben verzweifelt und ging schließlich verloren. Isaaks Stärke zerbrach. Er konnte seine Familie nicht mehr wie früher beschützen. Erics älterer Schwester Ruth gelang 1936 die Einwanderung nach Palästina. Eric selbst konnte ihr ein halbes Jahr vor Kriegsausbruch nachfolgen. Für die Eltern gab es keine Hoffnung mehr. Sie mußten in Deutschland zurückbleiben.
Es war am 2. Februar 1939, an einem kalten Wintermorgen, als Eric nach dem Passieren der Paß- und Zollkontrollen auf dem Grenzbahnsteig des Aachener Hauptbahnhofs als einziger Reisender den Zug nach Ostende bestieg. Die Eltern hatten ihn bis zum Bahnhof begleitet. Vor der Sperre der Grenzabfertigung mußten sie zurückbleiben. Sie blickten stumm weinend zu ihm herüber. Eric winkte ihnen heimlich zu. Die Geste war bemerkt worden. Eine schwarzuniformierte Gestalt herrschte ihn an, dies zu unterlassen. Als der Zug anfuhr, verlor Eric seine Eltern für immer aus den Augen. Er reiste über London nach Palästina. Die Nachrichten aus Deutschland flossen spärlich. Die letzte Mitteilung kam aus einem Lager über das Rote Kreuz. Sie war vom Vater geschrieben und enthielt die Worte »können beide noch gut arbeiten«. Erst nach dem Ende des Krieges, als Eric die Mitteilung erhielt, daß beide 1942 oder 1943 wahrscheinlich in einem der Vernichtungslager im Osten umgebracht worden waren, verstand er den Sinn dieser letzten Worte seines Vaters.

II

In einem Kibbuz[7] in Palästina begann Eric 1945 damit, die Erinnerungen an seine Eltern und an die Familie seines Vaters niederzuschreiben. Die Erlebnisse im Elternhaus, Besuche bei den Verwandten in Hoengen, die religiösen Feiern und Feste im Familienkreis, die Mühe der alltäglichen Arbeit, die vielen Erzählungen, denen er als Junge gelauscht hatte, über die verstorbenen Voreltern und über andere jüdische Familien in der Nachbarschaft, all dies fügte er zu einem Erinnerungsbild über das Leben und die Geschichte einer jüdischen Großfamilie auf dem Land, beginnend in der Mitte des vorigen Jahrhunderts und fast spurlos endend in den ersten Jahren des Zweiten Weltkrieges.

Die Menschen, von denen hier geschrieben wird, liebten das Land, in dem sie geboren worden waren, nicht weniger als andere, auch wenn sie es nicht Heimat, sondern als gläubige Juden »Diaspora« nannten. Es sind lebensfrohe, kraftvolle Gestalten, die vor uns auferstehen, vom Glauben und von der harten Arbeit geprägt. Eric zeichnete sie mit einem aus Trauer geborenen Stolz ohne Klage. Unter den Männern ragt die geradlinige Persönlichkeit des Vaters heraus. Über allen aber steht die legendäre Gestalt der Tante Rosal, einer Frau von biblischer Einfachheit und Größe. Ihr allein war es vergönnt, im hohen Alter in ihrem Haus in der Schillerstraße in Hoengen friedlich, den Tag ihres Todes wissend, im Kriegsjahr 1940 zu entschlafen.

Eric Lucas schrieb aus dem Gedächtnis ohne persönliche Unterlagen oder Dokumente, die er nicht besaß. Es kam ihm nicht auf Daten oder belegbare Sachverhalte an. Er wollte Menschen schildern in ihrem privaten, ungeschichtlichen Alltag. Wir können dadurch einen Einblick tun in jüdisches Familienleben auf dem Land, der dem Außenstehenden sonst verwehrt ist. Die Frauen, Männer und Kinder, die wir auf diese Weise kennenlernen, bleiben uns in ihrer Eigenart nicht fremd, sie erscheinen uns bewunderns- und liebenswert in ihren Stärken und Schwächen. Eric Lucas schrieb seine Chronik in englischer Sprache. Er fühlte sich damals, wie er später bei einem Besuch in Aachen eingestand, des Deutschen nicht mehr hinreichend mächtig. Vielleicht war ihm der Gebrauch seiner Muttersprache auch nur einfach verleidet worden. An eine Veröffentlichung hatte er ohnedies nicht gedacht. Die Chronik war sein persönliches Memorial.

Dreißig Jahre lang ruhte das Manuskript in einer Schublade, bis es durch Vermittlung der Gesellschaft für Christlich-Jüdische Zusammenarbeit Aachen e. V. dem Kreis Aachen zur Veröffentlichung in den Heimatblättern angeboten wurde. In Hilde und Ernst Cassel aus Aachen fanden sich Übersetzer, die aus der genauen Kenntnis der jüdischen Religion und Sitten verständnisvoll und einfühlend den Text in die deutsche Sprache übertrugen.
Nachforschungen in Hoengen und Warden ergaben, daß bei manchen älteren Einwohnern die Familien Lucas, Keller und Elkan noch in guter Erinnerung waren. Die Lebensdaten der in der Chronik erwähnten Mitglieder der Familie Lucas konnten mit Hilfe des Standesamtes der Stadt Alsdorf festgestellt werden. Es zeigte sich, daß alle Angaben, die Eric Lucas 1945 aus der Erinnerung niedergeschrieben hatte, zutrafen. Selbst der sagenumwobene Samuel Lucas war in einer Sterbeurkunde von 1854 mit dem biblischen Alter von 100 Jahren registriert worden.
Unter dem Titel »›Die Herrschaft‹ – Geschichte einer jüdischen Großfamilie im Kreis Aachen von der Mitte des 19. Jahrhunderts bis zum 2. Weltkrieg« sind die Aufzeichnungen 1982 in den Heimatblättern des Kreises Aachen erschienen. Für die vorliegende Buchausgabe mußte der Text geringfügig gekürzt werden. In einem zweiten Buch – »Kampfbereit« lautet der Titel, der zugleich Programm ist – schilderte Eric Lucas in der Verfremdung als Roman die Geschichte seiner bis zur Ankunft in Palästina eigenen Jugend, die auch ein Teil der Geschichte der zionistischen Jugendbewegung in Deutschland, der Vorbereitung auf die Auswanderung und Siedlung in Erez Israel ist.

Anmerkungen

1 Warden war einst eine Gemeinde in der Bürgermeisterei Hoengen. Im Zuge der kommunalen Neugliederungen verlor der Ort seine Eigenständigkeit. Er wurde zunächst ein Ortsteil der Gemeinde Hoengen und ist seit 1972 neben Hoengen ein Stadtteil von Alsdorf.

2 Die bürgerliche Sonderstellung der Juden wurde in Deutschland vielfach bis zum Ende des 18. Jahrhunderts durch obrigkeitliche »Judenordnungen« der Landesherren geregelt. Die Judenordnungen legten den Aufenthalt und die persönliche Bewegungsfreiheit fest. Die Juden hatten überall hohe Sonderabgaben zu leisten. So mußten sie für den Aufenthalt im Land ein jährliches »Toleranzgeld« zahlen. Die Zahl der Aufenthaltsbewilligungen war meist eng begrenzt.

3 Es handelt sich um das Haus Kasinostraße 50, in dem heute der Talsperrenverband Eifel-Rur seinen Sitz hat.

4 Der Name der Schule lautet jetzt »Couven-Gymnasium«. 1965 zog die Schule von dem alten Schulgebäude in der Vinzenzstraße in das neue Schulgebäude an der Lütticher Straße um.

5 Dr. Josef Rocca wurde am 16.9.1933 von den Nationalsozialisten seines Amtes enthoben. Gewiß nicht deshalb, weil er es gewagt hatte, einen jüdischen Jungen seinen Mitschülern als Vorbild hinzustellen. Er war Mitglied der Zentrumsfraktion im Stadtrat und gehörte der Deutschen Friedensgesellschaft an. In einer Rede am 15.3.1932 zur feierlichen Entlassung der Abiturienten hatte er zur Zivilcourage gegen die Modetorheiten in Sitte und Gesellschaft, Kultur und Politik aufgerufen. – (Erb, »Die Hindenburgschule 1917 bis 1933«, S. 37ff. [47] in Festschrift des Couven-Gymnasiums zur Einweihung des neuen Schulgebäudes 1965, Brimberg, Aachen, 1965. Vgl. auch Gillessen: Dr. Josef Rocca, ebd.)

6 Veröffentlicht mit freundlicher Genehmigung des Schularchivs.

7 Kibbuz, zu deutsch »Vereinigung«, ist eine landwirtschaftliche Gemeinschaftssiedlung, die einen eigenen, jüdischen Sozialismus verwirklichen will. Der erste Kibbuz wurde 1908 am Südufer des See Genezareth gegründet. Zur Zeit der Staatsgründung 1948 gab es bereits etwa 150 solcher Siedlungen in Israel.

Jüdisches Leben auf dem Lande

Einleitung

Dunkelheit breitet sich über die jüdischen Gräber auf dem europäischen Kontinent aus. Obwohl die Tyrannei der Nazis weggefegt ist, wird für die Juden dort kein Licht die Finsternis mehr durchbrechen. Nur wir, die Überlebenden, denen es gelungen ist, den Kontinent zu verlassen, bevor die Lawine des Krieges und des Schreckens die Juden dort überrollte, versuchen manchmal, Erinnerungen wachzurufen, Erinnerungen an unsere Kindheit und an Geschichten aus Zeiten, die noch viel weiter zurückliegen. Vieles vom jüdischen Schrifttum der europäischen Juden ist gerettet worden – oder kann wenigstens gerettet werden, wenn wir es wollen – von den Juden der englischsprechenden Welt und von Palästina. Aber die jüdische Eigenart, das jüdische Leben und die Familiengeschichten können nur von uns gerettet werden, die wir noch leben und darüber erzählen können.

Die Chronik der Familie meines Vaters und ihre geschichtliche Vergangenheit ist keine Novelle, aber auch nicht die jüdische Geschichte, es ist ein Teil des großen Mosaiks, welches, zusammengesetzt, späteren Generationen zeigen kann, wie Juden in der Diaspora wirklich lebten, unabhängig von dem Wechsel der allgemeinen politischen Konstellation. Aus welchem Stoff sie waren, mag vielleicht dieser Geschichte zu erzählen überlassen werden. Sie kann der Welt zeigen – man braucht nur nach Palästina zu schauen, wenn ein Beweis dafür nötig wäre –, daß Juden Kämpfer sein können, Kämpfer für die Freiheit, nicht nur mit der Feder oder auf der Bühne, sondern in ihrem Heimatdorf hinter dem Pflug oder manchmal sogar beim Dorftanz. Wir wissen ziemlich viel über die Juden in den Städten und ihre intellektuellen Leistungen, aber wir wissen nur wenig über diese einfachen und abgehärteten Juden auf dem Land.

Dieses Mal handelt es sich nicht um ein Dorf in Polen oder Rußland, dieses Mal geht es um ein Dorf – oder besser um mehrere Dörfer – in Westdeutschland. Ich werde mich bemühen, kein Urteil über die Juden und über die deutsche Bevölkerung in ihrer Umgebung zu fällen. Hätte ich diese Zeilen im Jahre 1938 statt im Jahre 1945 geschrieben, mein Urteil wäre dasselbe gewesen. Die Geschichte dieser einfachen

Leute, so hoffe ich, wird zum Ausdruck bringen, daß die Juden immer zu kämpfen hatten, selbst wenn eine gewisse Emanzipation vorhanden war, die trotzdem einen harten und manchmal erbarmungslosen Kampf erforderte. Außerdem konnte der Jude sich selbst dort nicht zu Hause fühlen, wo schon seine Vorfahren seit Generationen den Boden bearbeitet hatten.

Ich bin stolz, von einer solchen Familie wie der meines Vaters abzustammen, doch bin ich geneigt anzunehmen, daß der Versuch, darüber zu schreiben, dem Erbe meiner Mutter und ihrer Familie entspringt, die seit Generationen Rabbiner, Rechtsanwälte und Gelehrte hervorgebracht hat. Ich kann mich kaum erinnern, meine Mutter je in unserem Kuhstall gesehen zu haben, es sei denn, um meinem Vater einen Gefallen zu tun. Ich widme diese Zeilen meinem Vater, der 1941 mit meiner Mutter nach Polen deportiert wurde.

Weder von ihm noch von meiner Mutter habe ich je wieder etwas gehört. Mögen diese Zeilen eine stolze Erinnerung und ein Zeichen meiner Liebe sein.

1. Kapitel

Das Haus meines Vaters

Mein Vater wurde 1878 in Hoengen, einem Ort in der Nähe von Jülich, geboren. Er war das jüngste von 9 Kindern. Kurz vor seiner Geburt war die Familie von dem nahe gelegenen Dorf Warden nach Hoengen verzogen. Sein Vater starb kurz vor der Jahrhundertwende, und es wurde seiner Mutter und seiner ältesten Schwester Rosalie, von der ganzen weitverzweigten Familie auch Rosal genannt, überlassen, ihn und die meisten anderen Kinder großzuziehen. Rosal war 14 Jahre älter als mein Vater. Die Mutter starb 1914, und seither, und in Wirklichkeit schon lange vorher, hielt Tante Rosal haus und schwang ihr Zepter über die ganze Familie.

An das Haus in Hoengen, in dem mein Vater seine Kindheit und Jugend verbrachte, kann ich mich noch genau erinnern. Es blieb unverändert, bis ich im Jahre 1938 das Land verließ. In der Zeit, an die ich mich erinnere, lebte Tante Rosal zusammen mit einer Hausangestellten allein in dem Haus. Ich habe in diesem Haus manche Schulferien verbracht und behielt bis auf den heutigen Tag ein lebhaftes Bild davon in meinem Gedächtnis. Das Haus lag am Ende einer langen, sich windenden Dorfstraße mit einer Oberfläche aus harter Erde. Weiter führte der Weg zu Hecken und einem Teich. Aber dahin ging ich fast nie. Warum, weiß ich selbst nicht. Vielleicht, weil das Haus das letzte war, und, wenn man vom Dorf herunterkam, man an so vielen Häusern von Verwandten vorbei mußte, daß man froh war, endlich zum letzten zu kommen und nicht noch weiter gehen mußte. Das Haus selbst war aus grob gehauenen Steinen gebaut und sah langgestreckt aus, weil das große, doppelflügelige Tor in die verlängerte Frontwand des Hauses eingebaut war. Dieses Tor führte in einen umbauten Hof und war der einzige Eingang zum Haus. Es wäre aber viel zu umständlich gewesen, das Tor jedesmal zu öffnen, wenn jemand ins Haus wollte. Deshalb hatte man in einen der Flügel eine kleine besondere Tür eingebaut, die nur abends ganz geschlossen wurde. Ich kann mich kaum erinnern, daß die beiden Flügel und besonders das bogenförmige Oberteil des Tores je geöffnet wurden. »Als dein Vater ein Junge war, fuhren die hochbeladenen Heuwagen in den Hof«, erklärte mir Tante Rosal. Wenn man durch die kleine Tür eintrat, mußte man auf Kopf und Füße aufpassen, besonders auf die letzteren, wegen der massiven Schwelle, die ein Teil des großen Tores war. Teile des Hofes, die Länge des Hauses und Breite des Tores waren von einem Heuboden überdeckt. Es erweckte immer ein Gefühl von großer Sicherheit in mir, wenn ich innerhalb des geschlossenen Tores unter diesem Dach stand und der Regen in Strömen auf den Hof fiel; denn, obwohl ich in Wirklichkeit auf dem Hof stand, war ich gut beschützt. Die Tür in das eigentliche Haus war etwas größer als die Tür im Hoftor. Ich kann mich noch erinnern, wie mein Vater und meine Onkel an hohen Feiertagen nach Besuch der Synagoge sich bücken mußten, um ihre Zylinder zu schützen. Onkel Hermann, den man allgemein »den Langen« nannte, mußte seinen Zylinder ganz abnehmen. Durch die Haustür kam man in eine kleine Halle. Der Boden war mit gelben und schwarzen Steinen bedeckt, und eine besonders dicke Fußmatte lag bei der Tür. In einer Ecke war ein kleiner Garderobenständer und gegenüber dem Eingang eine schwere Eichentür, die eine steile Treppe zum 1. Stock verbarg. Daneben war eine andere Tür mit Buntglas, die immer meine Aufmerksamkeit erregte. Sie führte in einen kühlen Keller, wo frische Butter und Sahne aufbewahrt wurden. Links des Eingangs war die Tür zur Küche. Aber das Wahrzeichen dieses Vorraumes – oder besser gesagt, das Symbol dieses Eingangs – war eine Fußmatte aus Eisenstäben, die an beiden Seiten leicht gebogen waren. Jedesmal, wenn jemand in den Vorraum trat, konnte man ein doppeltes Klingen dieser eisernen Türmatte hören. Ich konnte an diesem Geräusch der Fußmatte fast unterscheiden, wer ins Haus kam. Nie hätte ich den schweren Schritt meines Vaters mit denen meiner vielen Onkel verwechselt. Ich selbst habe sehr darauf geachtet, daß die Fußmatte einen hellen Klang gab. Es klang nach »Willkommen«, und wenn der Klang tiefer war, wenn ich heftig auftrat, fühlte ich mich wie ein richtiger Mann, wie mein Vater, wie meine Onkel.

Die Küche war ein Beispiel vollkommener Sauberkeit. In der Ecke stand ein Glasschrank, der immer verschlossen war. Aber er enthielt die faszinierendsten Dinge. Da war das gute Porzellan ausgestellt, das nur an den hohen Feiertagen gebraucht wurde. Da waren Tassen mit

leuchtenden Farben, mit der preußischen Flagge, mit Friedrich dem Großen oder Königin Luise dekoriert. Auf einem schmalen Sims nahe dem Schrank standen hochpolierte Kupfersachen, besonders ein feinpolierter Mörser mit Stößel. Ich konnte nie widerstehen, ihn wie eine Turmglocke klingen zu lassen. Eine Bank mit einer festen hölzernen Rückenlehne füllte fast die ganze Länge der Wand, und um sich zu setzen, mußte man sich immer zwischen dem Eichentisch und der Bank hindurchquetschen. Unter einem kleinen Fenster stand ein altes hölzernes Sofa mit Schnitzereien über der gepolsterten Rückenlehne. Aber das Hauptstück in der Küche war der große Herd, dessen dunkelscheinende Platte immer auf Hochglanz poliert war. Die Zimmerdecke zog meine größte Aufmerksamkeit auf sich. Man konnte alle Balken, die wie in allen Zimmern des Hauses viereckig behauen waren, sehen.
Diese Decke war mit Stuckwerk verputzt, deren Weiß den Vergleich mit der hellscheinenden Sauberkeit der Küche aushalten konnte. Neben dem Küchenherd führte eine Tür ins Wohnzimmer. Dieser Raum konnte in Wirklichkeit nicht Eßzimmer genannt werden, weil er genausowenig zum Essen benutzt wurde wie die Küche zum Kochen. Gekocht wurde tatsächlich in einem kleinen Raum, der nur vom Hof zugänglich war, auf einem viel weniger glänzenden Herd.
Alle Mahlzeiten wurden in der Küche serviert, außer an den hohen Feiertagen oder wenn ein Gast besonders geehrt werden sollte. Während in der Küche nur ein Fenster war, gab es in diesem Wohnzimmer zwei. Jedoch lag das Zimmer immer im Halbdunkel. Die schweren Vorhänge waren fast ganz zugezogen, welches unweigerlich Ehrfurcht für diesen Raum in mir hervorrief. An der Wand gegenüber der Tür hingen zwei große Porträts der Eltern meines Vaters. Unter den beiden Fenstern standen ein mit rotem Plüsch gepolstertes Sofa und zwei dazugehörige Sessel. Der eine, der unter den Fotos stand, war für uns Kinder strikt verboten. Wir durften uns nicht hineinsetzen. Es war Großvaters Sessel, in dem er die meiste Zeit während seiner Krankheit bis zu seinem Tod saß. Vor dem Sofa standen ein braunglänzender, ovaler Eichentisch und rote Plüschstühle mit sehr geraden Rückenlehnen. Wenn man in diesen Raum trat, sah man rechter Hand einen großen, massiven Geldschrank. Immer, wenn Tante Rosal ihn öffnete, drehte sich das große Türschloß, wodurch 6 Stahlbolzen aus der schweren Tür hervortraten. »Kann man den Schrank nicht auf-

brechen, Tante Rosal?« fragte ich in der Hoffnung, einige Geschichten über die Sicherheit des Safes zu hören. »Einbrecher würden hier leider nicht viel finden«, hätte meine Tante Rosal mit einem tiefen Seufzer dann gesagt. Heute weiß ich, daß es sich wohl gelohnt hätte, wenn sie eingebrochen hätten. Es war eine recht beträchtliche Menge Goldstücke darin, welche Tante Rosal wie ihr Herzstück hütete. Neben dem Safe hingen ein kleiner Handbesen mit weichem Haar und eine kleine Schaufel, die nie gebraucht wurden. Dann gab es noch eine Tür mit buntem Glas gegenüber den Fenstern. Sie führte in ein fensterloses kühles Gemach, in dem die köstlichsten Kuchen und Plätzchen aufbewahrt wurden. Es war immer ein spannender Augenblick, wenn Tante Rosal dieses Heiligtum betrat, um ihre meisterlich gebakkenen Delikatessen hervorzuholen. Noch eine andere Tür führte gegenüber der Küchentür zu einem kleinen Zimmer mit nur einem Fenster und keinem anderen Eingang. Hier lag auf einem kleinen, mit feiner Spitze bedeckten Tischchen das Familienalbum. Auf der Erde lag ein kostbares Wolfsfell als Teppich. An der Wand gegenüber der Tür hing ein großes Gemälde Ihrer Majestät, der Königin Luise, die Stufen des königlichen Schlosses herabschreitend.
Wenn man die Tür zur Halle öffnete, führte gerade gegenüber dem Eingang eine steile, enge Treppe zu den zahlreichen Schlafzimmern. Die Balkendecken waren hier oben viel niedriger als die im Erdgeschoß. Aus dem Zimmer, in dem ich meistens schlief, blickte man auf den Hof, und wenn man sich etwas aus dem Fenster lehnte, konnte man einen Teil des Heubodens sehen und auch die steile Leiter, die hinaufführte. Das anschließende größere Zimmer war das von Tante Rosal. Ich höre noch heute das laute Ticken des Weckers im nächsten Zimmer. Wenn ich früh zu Bett geschickt wurde und allein war, die Erwachsenen waren noch unten, gab das Ticken dieser Uhr mir ein Gefühl der Sicherheit und Geborgenheit in diesem alten stillen Haus mit seinen dicken Mauern, tiefen Decken und kleinen Fenstern. Weder Geistergeschichten noch böse Räubergeschichten konnten mich dann erschrecken. Wenn ich dann noch wußte, daß mein Vater und vielleicht auch meine Onkel unten waren, füllte sich mein Kinderherz mit Vertrauen. Diese kräftigen Männer da unten, die mit ihren starken Armen manchem Dieb und Bösewicht getrotzt hatten, welcher Schicksalsschlag könnte sie verängstigen.
Ihre Stimmen schallten leise durch den Fußboden, und ich in meinem

weichen Bett mit den großen Kissen und dem mächtigen Daunenplumeau fiel in tiefen Schlaf.

Auf der anderen Seite des Hofes war ein kleiner Kuhstall. Damals waren nur ein oder zwei Kühe darin. Ein tiefer, zementierter Misthaufen war außer Gebrauch. Neben dem Kuhstall war das Schlachthaus, welches nur gelegentlich von meinem Onkel Michael, einem Bruder meines Vaters, benutzt wurde. Er war Metzger und wohnte in derselben Dorfstraße, aber näher zur Hauptstraße. Da war auch noch der große Obst- und Gemüsegarten mit seinen saftigen Birnen und den großen Walnußbäumen, die ich in meinem ganzen Leben nicht vergessen werde.

Vor vielen Jahren lebte mein Vater mit seinen Eltern und Geschwistern in diesem Haus. Ich selbst verbrachte mein ganzes Leben in der Stadt, und ins Dorf, in das Elternhaus meines Vaters, kam ich nur an Wochenenden und oft während meiner Ferien, auch noch, als ich schon zur höheren Schule ging. Aber solange ich in Deutschland war, kam Jahr für Jahr meine ganze Familie am Versöhnungstag in den Geburtsort meines Vaters. Die Gesänge und die Stimmen dieses hohen Feiertages werden mich mein Leben lang begleiten. Als kleiner Junge mußte ich an diesem Tage am frühen Nachmittag die Synagoge verlassen. Ich saß dann in der stillen Küche und sah zu, wie Tante Rosal das Essen für die, die gefastet hatten, vorbereitete. Kurz nach 19.00 Uhr kündigte das Tönen der eisernen Fußmatte die Heimkehr meiner Eltern und meiner älteren Schwester Ruth an. Dann setzten wir uns alle um den ovalen Tisch im Wohnzimmer, und ich fühlte mich eins mit Gott, seiner Welt und seinem Volk, dem Er die Sünden vergeben hat. Das Klingen der Eisenmatte ist noch in meinen Ohren, und mein Herz ist schwer von Sehnsucht und Erinnerung.

2. Kapitel

Die Großeltern

Mein Großvater wurde 1825 in Warden bei Jülich geboren. Auch er gehörte zu einer großen Familie, und mehrere seiner Brüder wohnten in derselben Gegend. Die meisten Mitglieder der Familie waren in drei Dörfern angesiedelt, in Warden, Langweiler und Hoengen. Diese drei Dörfer waren nicht mehr als eine Stunde zu Fuß voneinander entfernt. Der größte Teil der Familie lebte in Hoengen. Der Vater meines Großvaters war ein kleiner Viehhändler, und mein Großvater wählte einen ähnlichen Beruf als Metzger. Das soll nicht heißen, daß er einen Laden hatte, wie wir es heute verstehen, wenn wir von Metzgern sprechen. Er besaß ein kleines Haus, und im Hof dieses Hauses war ein Schlachthaus. Jede Woche wurde eine Kuh oder ein Stier und ein Kalb geschlachtet und zerteilt. Dann ging er selbst mit zwei großen Körben in die verschiedenen Dörfer, um seine Kunden mit Fleisch zu beliefern. Gegen Ende der Woche besuchte er die verschiedenen Bauernhöfe, um eine fette Kuh und, wenn möglich, ein Kalb zu kaufen. Er führte sie dann an einem Strick heim, und samstags abends, sobald der Sabbat vorbei war, wurden die Tiere getötet, wobei ihm seine Frau und später auch seine Kinder halfen. Sonntags wurden die Portionen vorbereitet, so daß er sich montags früh gegen vier Uhr in Marsch setzen konnte, um das bestellte Fleisch zu liefern und auch noch neue Kunden zu werben. Menschen, die auf diese Weise ihr tägliches Brot verdienten, mußten gesund, hart und stark sein. Sommer und Winter, bei jedem Wetter und zu jeder Tages- und Nachtzeit mußten sie für ihr Geschäft da sein. Mein Großvater war ein schlanker, mittelgroßer Mann, aber er war nicht nur für seine schwere Arbeit geeignet, er war auch in der ganzen Gegend für seine besondere körperliche Kraft bekannt. Man erzählte, er könne mit seinem kleinen Finger 100 Pfund von der Erde in ein Faß heben.

Es gab mehrere Geschichten über seine Stärke, und er war besonders von Nichtjuden dafür geachtet. Eines Tages kaufte mein Großvater billig eine Kuh. Der Bauer warnte, es sei ein sehr wildes Tier. Bis dahin brachte es niemand fertig, damit umzugehen. Deshalb wollte der Bauer dieses Vieh loswerden. Mein Großvater kaufte die Kuh, ohne zu zögern. Zu dieser Zeit gab es noch sogenannte Viehtreiber. Die Arbeit dieser Männer war es, in die Dörfer zu gehen, um die gekauften Kühe zu holen und zu den Käufern zu bringen. Dazu waren besonders harte, starke Kerle notwendig. Diesmal übernahm der alte Simon, oder wie man ihn besser kannte, »der jecke Simon«, mit Freuden diese Arbeit. Er brüstete sich, daß es in der Gegend keine Kuh oder keinen Stier gäbe, die der alte Simon nicht führen oder, wenn nötig, bändigen könnte. Also ging er, die Kuh zu holen. Alles ging gut bis zum Ausgang des Dorfes, wo die Hecken der Kuh unbekannt waren. Sie hielt an und wollte zurück. Eine Zeitlang meisterte Simon die Kuh; aber dann kam ein Junge zum Großvater gerannt, um ihm zu berichten, daß Simon mit der Kuh im Graben läge und daß fünf Mann die Kuh festhielten. Das Vieh war einfach wütend, und niemand wußte, was tun. Großvater nahm seinen speziellen Ochsenknüppel und ging, um den Viehtreiber zu befreien. Man erzählte, daß mein Großvater wie ein Fels auf der Stelle stand, während die Kuh wild vor Wut wie ein Ziegenbock um ihn herum sprang und versuchte, ihn nach allen Seiten fortzuziehen, bis nicht er, sondern schließlich die Kuh müde wurde, und er sie wie ein Lamm heimführen konnte.

Kurz nach seiner Hochzeit ereignete sich eines Tages etwas, was meinen Großvater berühmt machen sollte. Seit einiger Zeit machte ein Mörder und Dieb die ganze Gegend unsicher. Die schauerlichsten Geschichten wurden von Leuten erzählt, die nach Dunkelheit oder vor Sonnenaufgang ihren Geschäften nachgehen mußten. Die Polizei war bisher nicht fähig, ihn zu fangen, und sie bot demjenigen eine Prämie an, der ihn tot oder lebendig fangen würde. Er wurde für vogelfrei erklärt. Sollte also jemand ihn töten, so würde er belohnt, aber nicht bestraft werden. Mein Großvater kam eines Abends von einer seiner Rundreisen heim. Er mußte einen tief in einen Hügel eingeschnittenen Hohlweg entlang. In diesem Augenblick sprang ihn ein Mann mit einem Knüppel an, an dessen dickem Ende rundherum lange Nägel herausragten. Er hätte einen Menschen auf der Stelle töten können. Mein Großvater fing die ganze Wucht des Schlages mit der Hand ab, und es gelang ihm trotz der schrecklichen Schmerzen durch die in die Hand eindringenden Nägel, den Knüppel mit beiden Händen zu fassen. Der Mörder warf ihn jedoch nieder, »wie ein Kätzchen«, pflegte er zu sagen. Während er an der Keule festhielt und durch die Luft geschleudert wurde, konnte er seinem Gegner einen solchen Fußtritt in den Bauch versetzen, daß der Mörder für einen Augenblick loslassen mußte. Das besiegelte sein Los und rettete das Leben meines Großvaters. Dieser machte vollen Gebrauch von der Waffe seines Gegners und ließ ihn als »Toten« zurück. Entweder wußte mein Großvater nichts von der versprochenen Prämie, oder er wußte nicht, daß dies der gesuchte Räuber war, oder aber er war froh, nach Hause zu kommen. Jedenfalls hatte er die Geschichte der Polizei nicht sofort gemeldet. Der Räuber erholte sich jedoch so weit, daß er sich zu einem nahe gelegenen Haus schleppen konnte und dort um Gnade bat. Diese Leute überlieferten ihn prompt der Polizei und erhielten statt meines Großvaters die beträchtliche Belohnung. »Er hätte sie damals sehr gut gebrauchen können«, fügte mein Vater hinzu.

Auf einem seiner vielen Geschäftswege lernte mein Großvater in dem entfernten Dorf Waldenrath meine Großmutter kennen. Es war Liebe auf den ersten Blick, aber ihre Familie meinte, daß ein Metzger für ihre wirklich schöne Tochter nicht die richtige Wahl sei. Außerdem würde sie auch noch Geld mit in die Ehe bringen. Nachdem er mehrere Male abgewiesen worden war, drohte mein Großvater, sie und sich zu töten, wenn er sie nicht zur Frau bekäme. Nach dieser furchtbaren Drohung wurde sie seine Frau. Sie hatten neun Kinder, und nachdem die meisten groß genug waren, um im Haus und im Geschäft mitzuhelfen, zogen sie nach Hoengen. Mit Hilfe seiner Söhne Selig und Michael fing er neben der Metzgerei auch einen Viehhandel an. Die Familie lebte recht gut, wenn auch anspruchslos. Der Hauptanteil der Ernährung stammte vom eigenen Hof. Ich erinnere mich noch an das Butterfaß, mit dem meine Großmutter Butter für die ganze Familie machte, und an den großen Gemüsegarten. Jedoch bestand der größte Teil des Essens aus Fleisch. Ich habe nie solche Fleischesser gesehen wie die Familie meines Vaters, ihn selbst eingeschlossen. Fleisch war das Hauptnahrungsmittel. Natürlich sollten die beiden ältesten Söhne regelmäßig zur Schule gehen. Aber der Älteste, Selig, wurde zu sehr im Haus benötigt und fehlte deshalb oft wochenlang. Die Schule, die er besuchen sollte, war eine jüdische Schule in Langweiler, wo seit 1857 eine Synagoge stand. Der Kantor und Prediger dieser Synagoge war gleichzeitig auch der Lehrer dieser kleinen jüdischen Schule. Dieser Lehrer, Herr Wolf, muß gegen die stolze und unabhängige Familie in Hoengen eine starke Abneigung gehabt haben. Mehrere Male berichtete er dem Schulamt vom Fehlen Seligs, und meine Großeltern mußten Strafen bezahlen. Das ging so lange, bis meine Großmutter sich eines schönen Tages nach Langweiler aufmachte. Es war ein Weg von über einer Stunde. Sie bat den Lehrer nicht um Entschuldigung, dafür war sie eine viel zu stolze Frau. Sie sagte dem Prediger, den sie mit »Herr« ansprach, nur, sie würde ihm eine runterhauen, wenn er über Seligs Fehlen noch einmal Bericht erstatten würde. Seitdem unternahm der Lehrer nichts mehr.

Vielleicht habe ich eine Seite der Familie in einem solchen Ausmaß hervorgehoben, daß ich Gefahr laufe, ihr großes Unrecht zu tun. Es stimmt, daß ihr Kampf um die Existenz und den Lebensunterhalt sehr grausam war. Neun Kinder waren großzuziehen, und Großvater mußte noch mehr als vorher mit seinen schweren Fleischkörben über Land gehen. Aber trotz allem gab es ein kulturelles Leben, welches unter diesen Umständen erstaunlich war. Neben seinem Metzgerberuf war mein Großvater auch Kantor in der Synagoge von Langweiler. Er hatte eine sehr schöne Stimme, und seine Kenntnisse der Bibel und des Gebetbuches waren sehr groß. Er kannte sogar die Mischna und Gemarrah. Selbst wenn seine Kinder nicht immer in die Schule gingen, legte er doch größten Wert darauf, daß sie alle, Söhne wie Töchter, sich um den Tisch versammelten, damit er sie die Bibel und die Gebete lehrte. Er war als Kol-Nidre-Chasan-Kantor für das Eröffnungsgebet des Versöhnungstages bekannt, und einmal ging ein Spottvers um, weil er am zweiten Tag des Laubhüttenfestes Fleisch verkauft hatte: »Kol Nidre Chasan Lucas, Lucas verkaufte Fleisch am zweiten Sukkas.« Abgesehen von diesem Zwischenfall wurden der Sabbat und alle Feiertage sehr streng eingehalten. Das Essen war koscher und die Synagoge der wichtigste Versammlungsort.

Mit der Zeit wurde die finanzielle Lage der Familie besser. Die Kinder wuchsen heran, die Töchter heirateten. Das Haus wurde besser möbliert, und man konnte einige Stücke Land kaufen. Aber die Kräfte meines Großvaters ließen mehr und mehr nach, und schließlich waren seine Beine von der Überanstrengung gelähmt. Fast acht Jahre war er an einen Stuhl gefesselt, und es oblag meinem Vater, dem jüngsten Sohn, ihn jeden Abend die engen, steilen Treppen hinauf in sein Schlafzimmer zu tragen.

Nun übernahm Großmutter mit Hilfe von Rosal die ganze Führung des Hauses, während Selig und Michael das Geschäft führten. Selig wurde der Viehhändler, Michael der Metzger. Diese Arbeit behielten sie auch nach ihrer Heirat bei, und es war selbstverständlich, daß ihr Elternhaus nicht vergessen wurde, weder materiell noch als Mittelpunkt der ganzen Familie.

Meine Großmutter war nicht nur eine schöne, sondern auch eine energische, strenge und trotzdem sehr gütige Frau. Ich sah mir sehr oft das große Porträt im Wohnzimmer des alten Hauses an, wo sie in ihrem schwarzen Häubchen und ihrem Samtumhang auf mich herabschaute, ein liebes, verständnisvolles Lächeln in ihrem alternden Antlitz. Dieses Gesicht hatte nichts von seiner Schönheit und seinen feinen, edlen Zügen verloren, selbst als Frau von über 70 Jahren. Sie überlebte ihren Mann um 15 Jahre und starb kurz vor Ausbruch des Ersten Weltkrieges. Sie kontrollierte bis vier Tage vor ihrem Tod den ganzen Tagesablauf im Haus, und, das allerwichtigste, sie hatte die Schlüssel zum Geldschrank im Wohnzimmer. Vier Tage bevor sie im Alter von 74 Jahren starb – sie war in ihrem ganzen Leben nicht einen Tag krank gewesen –, übergab sie abends ohne ersichtlichen Grund Rosal, ihrer ältesten, unverheirateten Tochter, die Schlüssel mit den Worten: »Hier, Rosal, sind die Schlüssel. Ich werde sie nicht mehr brauchen.« Sie lebte nur noch, um ihren jüngsten Sohn Isaak, meinen Vater, verheiratet zu wissen und sein erstes Kind, meine Schwester Ruth, in ihren Armen zu halten. Sie hatte auf alle ihre Kinder großen Einfluß, besonders auf ihren jüngsten Sohn, meinen Vater. Aber davon will ich später berichten.

3. Kapitel

Die Herrschaft

An Sonntagnachmittagen fuhr mein Vater oft zu seinem zweiten Hof, der in einem Ort nahe seines Geburtsortes Hoengen lag. Der Ort hieß Lürken, doch für uns war »der Hof« ganz einfach Lürken. Um nach Lürken zu kommen, mußten wir durch ganz Hoengen, das hieß, daß wir mindestens die nächsten Verwandten besuchen mußten. Vier der neun Kinder meines Großvaters wohnten außerhalb Hoengens, von denen wiederum zwei, unter anderem mein Vater, in Aachen lebten. So blieb der Zusammenhalt in der Familie sehr eng. Die häufigsten Besuche und Familienzusammenkünfte waren nicht nur auf die Geschwister meines Vaters beschränkt, sondern schlossen auch die Kinder dieser Familien ein. Am Sabbat und an den hohen Feiertagen kam die ganze »Herrschaft« in der Synagoge in Langweiler zusammen. Die ganze Gemeinde bestand aus zweihundert Juden und war in Wirklichkeit eine Großfamilie, die wiederum aus drei Hauptfamilien, nämlich den Elkans, den Lucas' und den Kellers bestand. Wir wollen jetzt beschreiben, wie sie nahe beieinander in Hoengen lebten. Natürlich gab es auch Elkans, Lucas' und Kellers in Warden und Langweiler. Aber die ursprüngliche »Herrschaft« lebte in Hoengen. Wenn man über die Hauptstraße von Aachen kam, stand ganz am Anfang des Dorfes Hoengen ein eher modernes Haus aus roten Backsteinen, unten mit hellgrauem Zement beworfen. Wie das Elternhaus meines Vaters hatte auch dieses Haus ein großes Tor, das in den Hof führte, und in dem Tor eine kleine Tür. Aber hier gab es noch eine besondere Tür, die jedoch nur an Samstagen und Sonntagen benutzt wurde. Das war das Haus von Hermann Elkan, der wegen seiner Größe und Breite den Spitznamen »der Lange« hatte. Er hatte meines Vaters Schwester, Tante Emma, geheiratet, eine liebe kleine Frau, die für ihren gesunden Menschenverstand überall bekannt war. Was ihr an Erziehung fehlte, ersetzte sie durch Takt, Verständnis und Güte. Onkel Hermann war ein sehr erfolgreicher Viehhändler und konnte seine Kinder, drei Töchter und einen Sohn, nach Eschweiler zur höheren

Schule schicken. Man hätte glauben können, daß dieser große Mann mit seiner starken und überzeugenden Stimme, der in einer Diskussion seine Meinung so gut durchsetzen konnte, sein Haus mit größter Autorität regierte und führte. Aber trotz allem wurde er in entscheidenden Dingen von seiner Frau geleitet und günstig beeinflußt.
Hermann Elkan, wie auch die meisten Elkans, kam aus einer Familie, in der die jüdische Tradition nicht besonders stark beachtet wurde. Nach seiner Verlobung mit Emma mußte er jeden freien Abend von seiner zukünftigen Frau alle Gebete in Hebräisch und soviel über die jüdischen Bräuche, wie es für ihn nötig war, lernen, damit er in der Synagoge seinen Mann stehen konnte. Abgesehen von ihrer eigenen religiösen Überzeugung wollte Tante Emma vor allem nicht, daß ihr Mann als ein Am Haarez (ein Bauer – ein Ausdruck aus dem Talmud, der einen in der jüdischen Lehre und Tradition unwissenden Menschen charakterisiert) angesehen würde. Ihr Haushalt wurde auf ganz orthodoxe Art geführt, wie die meisten jüdischen Haushalte im Dorf. Ich sehe noch die große aufrechte Gestalt von Onkel Hermann vor mir, wie er durch starken Regen über die verschlammte Straße den weiten Weg zur Synagoge nach Langweiler zurücklegt.
Ihr Haus war genauso sauber und blank wie das von Tante Rosal und wie all die anderen, die wir an diesem Nachmittag besuchten. In jedem Haus wurde guter Kaffee und viel Kuchen angeboten. Keiner von uns wagte, das abzuschlagen. Sobald unser Wagen draußen hielt, kamen Tante Emma oder eine ihrer hübschen Töchter an die kleine Tür. Als wir eintraten, hieß uns Onkel Herrman mit hochgekrempelten Hemdsärmeln und gespreizten Beinen in der Mitte des sauber gekehrten Hofes willkommen. Ich kann mich nicht erinnern, den Hof je schmutzig gesehen zu haben. Der Hund, der an seiner Hütte festgemacht war, bellte laut. Ich war immer von den großen, schweren Händen meines Onkels fasziniert und legte freudig meine zwei in eine der seinen. Meistens ging er mit meinem Vater sofort in den Kuhstall und von dort auf die Weiden, um die Kühe zu besichtigen und über die Ernte und die Viehpreise in diesem Sommer zu diskutieren.
Wir Kinder folgten Tante Emma und meiner Mutter in die helle freundliche Küche und hörten uns die Geschichten und Neuigkeiten der Familie an, bis die Männer zurückkamen. Guter Kaffee und selbstgebackener Kuchen wurden angeboten und in großen Mengen verzehrt. Bald teilte sich die Unterhaltung. Mutter und Tante Emma,

meine Schwestern und Tante Emmas drei Töchter sprachen über die neueste Mode, und von da führte die Unterhaltung unweigerlich zu den verschiedenen Ereignissen in den anderen Familien. Die kleinen Streitigkeiten zwischen den Kindern der Elkans und der Kellers wurden besprochen, und die Tatsache, daß ein junger Mann ein Auge auf Hella, eine der Töchter von Tante Emma, geworfen hatte. »Hella hat ihn nicht beachtet, sie hat noch viel Zeit«, sagte Tante Emma. Sie war sehr stolz auf ihre Kinder.

Ich zog es vor, der männlicheren Unterhaltung zwischen meinem Vater und Onkel Hermann zuzuhören.

Walter Elkan, der einzige Sohn von Onkel Hermann und Tante Emma, ergriff nicht den Beruf seines Vaters. Nachdem er die Schule verlassen hatte, machte er in einem großen Geschäft in Aachen seine Lehre. Das hatte natürlich zur Folge, daß er auch samstags arbeiten mußte, und hierdurch wurde mit der jüdischen Tradition gebrochen. Er hatte am Sabbat seiner Bar Mitzwah vor der Gemeinde den Abschnitt aus den fünf Büchern Moses vorgelesen. Solange er zur Schule ging, mußte er auch nach der jüdischen Tradition im Hause seiner Eltern leben. Stadtleben und die Arbeit am Samstag änderten all das sehr schnell, und seine Eltern konnten es nicht verhindern. Aber eine Grenze gab es doch. An den hohen Feiertagen ging Walter nicht ins Geschäft und verbrachte, wie seine Eltern, die Zeit in der Synagoge. Walter hätte nie gewagt, am Sabbat zu Hause zu rauchen, obwohl er es außerhalb des Elternhauses tat, besonders, wenn er mit seinen anderen Vettern zusammen war. Irgendwie betrachteten sie dies als einen Teil ihrer Unabhängigkeit, und es gab ihnen ein revolutionäres Gefühl. So gut das Leben zu Hause auch war, letzten Endes war es von den Regeln und der Führung des Vaters beherrscht, der in seiner Jugend recht lax in religiösen Dingen gewesen war, jetzt aber in seinem Haus die Beachtung der religiösen Gesetze als eine feste Vorschrift betrachtete. Er hätte von einem anderen Verhalten nichts hören wollen.

Walters Schwestern lebten zu Hause. So gab es für sie nicht die Probleme, die sich für ihn ergaben. Die Mädchen lernten die Führung des traditionellen Haushaltes und gingen gelegentlich in die Synagoge. Aber darüber hinaus wurde an religiösen Handlungen von ihnen nichts verlangt. Während ihrer Schulzeit hatten sie Religionsunterricht, hatten aber zu diesem begrenzten Wissen nichts dazugelernt. Für sie genügte das, und die Eltern gaben sich damit zufrieden, daß in ihrem Haus eine religiöse Atmosphäre herrschte. Eines hatte Walter mit seinen Schwestern und allen seinen Vettern im Dorf gemeinsam, sie alle zogen sich gut an, und wenn sie zu einem Fest oder zum Tanz gingen, wollten sie gut aussehen. Vor allem aber wollten sie nicht schlechter aussehen als die Kinder der Kellers. Dies war ein Erbe des Charakters der älteren Generation der »Herrschaft«. Ich hatte Walter Elkan sehr gern. Er war immer witzig und ein sehr lustiger Begleiter. Obwohl ich gar nicht damit einverstanden war, konnte ich mich darüber amüsieren, daß er während des langen Nachmittagsgottesdienstes am Versöhnungstag hinter seinem Gebetbuch einen Schmöker versteckt hatte. Selbst als junger Mann von 20 Jahren hätte er nicht gewollt, daß sein Vater das erfuhr. Diese Familie Elkan hatte ich von allen im Dorf am liebsten. Die saubere, freundliche und liebevolle Atmosphäre ihres Hauses war mir sehr teuer. Ich besuchte sie, solange sie dort lebten.

In einem anderen Dorf lebten noch zwei Familien Elkan. Sie kamen manchmal in den Bereich der »Herrschaft«. Beide Familien hatten gutgehende Metzgereien. Der eine, Josef Elkan, war wie sein Bruder Benno kein frommer Jude. Ihm wurde einmal vorgeworfen, daß seine Nichtbefolgung der Religion aus Unwissen herrühre. Er antwortete prompt: »Gut, ich werde an irgendeinem Sabbat kommen, den ihr wählt, und die Haftarah lesen (der Teil aus den Propheten, der nach der Thoravorlesung gesungen wird) vor der ganzen Gemeinde in Langweiler.« Weder er noch sein Bruder verfehlten es, an den hohen Feiertagen in die Synagoge nach Langweiler zu kommen. Aber wenn beide am Versöhnungstag um Mittag verschwanden, nahm man allgemein an, daß sie zu einem guten Essen nach Hause gegangen waren.

Die Lucas

Nachdem wir Onkel Hermann, »den Langen«, verlassen hatten, bogen wir in die lange, sich windende Dorfstraße. Am Ende einer dichten Hecke längs des Weges kamen wir an ein ziemlich großes, unscheinbares Haus, das etwas höher als der Weg lag. Hier lebte der älteste Bruder meines Vaters, Selig Lucas, mit seiner Frau und drei Kindern. Auch er war Bauer und Viehhändler. Selig Lucas war ein kluger Mann, wohlbeschlagen in jüdischem und allgemeinem Wissen.

Er war sehr ernst und hatte oft einen mürrischen und immer einen kummervollen Gesichtsausdruck. Die Familie stimmte darin überein, daß er nicht die richtige Frau gewählt hatte. Sie kam aus der Kölner Gegend und war eine sehr nervöse Frau. Immer wenn wir dort hinkamen, war zuerst das freundliche Lächeln auf Onkel Seligs Gesicht, das der ganzen »Herrschaft« eigen war, wenn ein Gast kam. Einmal im Haus, fühlte ich mich immer etwas deprimiert. Tante Susanne lief dann aufgeregt in die Küche und deckte eifrig den Tisch. Obwohl wir immer wieder versicherten, daß wir gerade Kaffee getrunken hatten, rannte sie im Zimmer und in der angrenzenden Spülküche herum. Bei all dem Hochbetrieb erfuhren wir, daß heute morgen alles schiefgegangen war. Die Magd hatte das Feuer in der Küche erlöschen lassen, und ihre älteste Tochter mußte gerade heute ausgehen. Onkel Selig sprach in unserer Gegenwart nicht viel. Nur manchmal machte er seiner Frau in einem netten Ton eine vorwurfsvolle Bemerkung. Er war damals schon ein kranker Mann und starb 1926 nach einem langen Leiden.
Der unglücklichste, bemitleidenswerteste Mensch im Hause war jedoch der älteste Sohn Leo. Leo Lucas war geistig zurückgeblieben, was seinen Eltern große Sorgen bereitete. Sein Vater versuchte mit aller Gewalt, ihn normal erscheinen zu lassen. Als er keinen Erfolg sah, wurde er mit dem Jungen ungeduldig. Leo lernte Lesen und Schreiben und entwickelte sehr bald ein sehr bemerkenswertes Talent für Zeichnen und Malen. Kurz nachdem er die Schule verlassen hatte, schlug man dem Vater vor, den Jungen Dekorieren oder etwas ähnliches lernen zu lassen. Aber Selig hielt ihn zu Hause, wo er unter der Aufsicht seines harten Vaters auf dem Hof arbeiten mußte. Sooft ich konnte, bat ich Leo, mir sein Skizzenbuch zu zeigen, und mit viel Stolz ließ er mich die Pferde und Kälber, die er gezeichnet hatte, sehen. Außer für Tiere hatte er auch eine leidenschaftliche Liebe für Blumen und besonders für Vergißmeinnicht. Diese kleinen blauen Blumen erschienen immer wieder in seinem Skizzenbuch. Hinter der großen Gartenmauer hatte Leo ein ganzes Beet mit Vergißmeinnicht gepflanzt. Hier saß er, mit sehnsüchtigen Augen auf die Blumen schauend, und zeichnete sie abends stundenlang. Leo mußte vom frühen Morgen bis zum späten Abend sehr schwer arbeiten. Er war immer ruhig und erwiderte gern ein Lächeln. Ich sah ihn fast nur in Arbeitskleidung. Nur an den hohen Feiertagen erschien er in der Syn-

agoge, scheu und verängstigt, aber immer auf ein Lächeln antwortend, das ihm die Mitglieder der Gemeinde zeigten. Ich hörte oft sagen: »Lieber Gott, er ist ein armer Kerl«, und ich glaube, man hätte mehr aus ihm machen können. Aber Onkel Selig war in seinem Entschluß unbeugsam. »Der Junge bleibt zu Hause. Hier kann er nützlich sein, und bis jetzt hat Landarbeit noch keinem geschadet«, sagte er. So arbeitete Leo weiter und hatte auch immer Angst vor seinem Vater. Häufig hörte ich den Onkel ihn einen Idioten nennen. »Ich bin kein Idiot«, war Leos Antwort. Er gab stets die gleiche Antwort, solange ich ihn kannte. Am Tage von Onkel Seligs Beerdigung fragte Leo mit ängstlichem Gesichtsausdruck: »Muß ich jetzt auch sterben?« So hing ein tiefer Schatten über dieser Familie, und ich war immer froh, wenn wir das Haus verließen, obwohl ich gerne mit dem jüngeren Bruder Willi, der gerade ein Jahr älter war als ich, gespielt habe.

Willi war ein kluger, intelligenter Junge, der auf eine höhere Schule geschickt wurde. Immer wenn wir uns in späteren Jahren trafen, diskutierten wir lange über Politik. Als kleiner Junge hatte ich sogar einmal kurze Ferien in Onkel Seligs Haus verbracht. Obwohl Willi nur ein Jahr älter war als ich, war er mir weit überlegen. Vor allem übertraf seine körperliche Kraft die meine, und mein Vater hielt ihn mir immer als Beispiel vor, wie ein Junge sein soll.

Als Onkel Selig starb, hinterließ er ein guteingeführtes Geschäft, klein, aber gesund. Seine Witwe war hilflos. Sie wußte nichts mit dem Hof anzufangen, auf dem die Familie lebte. Willi setzte seine Ausbildung bei den Verwandten seiner Mutter fort. Daher wurde beschlossen, daß ein Verwalter eingestellt wurde, der das Gut leiten und das Geschäft fortführen sollte. Er war ein Mann von etwa 35 Jahren und voller Ehrgeiz. Er begann seine Arbeit mit großem Eifer und war sicher, daß er das Geschäft erweitern könnte. Nach ein paar Wochen fragte mein Vater Hermann Elkan, wie der Verwalter sich anließe. »Bisher recht gut, er hat mir sogar etwas Konkurrenz gemacht, was ich eher schätze, ein Zeichen, daß er mutig und kühn ist«, erwiderte Onkel Hermann. Bald wurde offensichtlich, daß der Verwalter andere Ambitionen außerhalb des Geschäftes hatte. Es sah so aus, als ob er die Tochter des Hauses heiraten wollte, um so der gesetzliche Erbe des Hofes zu werden. Aber kurz nachher erfuhren meine Eltern, daß nicht alles mit rechten Dingen zuging. Der Verwalter herrschte im Haus und tyrannisierte Tante Susanne, die mehr und mehr Angst vor ihm hatte. Auch stellte sich heraus, daß die Zahl der Kühe abnahm. Wenn der Verwalter gefragt wurde, wie die Geschäfte gingen, gab er zur Antwort: »Die Leute sollten sich um ihre eigenen Angelegenheiten kümmern.« Onkel Hermann und mein Vater beschlossen daraufhin zu handeln, und zwar schnell. Als sie mit Tante Susanne darüber sprachen, bat sie, sich nicht einzumischen, weil der Mann zu allem fähig sei. »Ist das so?« antworteten Onkel Hermann und mein Vater fast gleichzeitig.

Eines Sonntag nachmittags besuchten mein Onkel Hermann und mein Vater in Begleitung ihrer Frauen den Hof. Der Verwalter saß bequem im Wohnzimmer mit der Tochter des Hauses. Die beiden Männer verlangten die Bücher zu sehen, wollten über das Geschäft alles wissen und wie er es führe. Als der Verwalter fragte, was sie das anginge, meinte mein Vater im Befehlston, er möge seine Sachen pakken und sich hinausscheren, weil sie alles wüßten. Der Verwalter warf nur einen Blick auf die beiden entschiedenen Männer, die fest vor ihm standen. »Ja, wenn das so ist«, antwortete er zaghaft, »werde ich natürlich gehen.« Onkel Hermann konnte sich nicht zurückhalten, hinzuzufügen: »Ja, Sie werden gehen, und sollte ich Sie morgen noch hier sehen, werde ich Sie wie einen Hund aus dem Haus jagen, verstanden, Herr Verwalter?« Am nächsten Morgen war der Verwalter fort. Während der ganzen Szene standen meine Mutter und Tante Emma hinter einem Vorhang, »nur im Falle, daß die Männer zu weit gegangen wären«, sagten sie nachher.

Noch einmal Lucas

Einige hundert Meter weiter unten war auf derselben Seite der Straße das Haus von Michael Lucas, dem Bruder meines Vaters, der drei Jahre älter war. Auch er war von durchschnittlicher Größe und breit gebaut. Er wog gut 2 Zentner. Onkel Michael war ein einfacher und guter, aber kein dummer Mann. Obwohl er nur die nähere Umgebung kannte, folgte er trotzdem dem Beispiel meines Vaters und heiratete ein Mädchen aus einer ganz anderen Gegend und einem anderen Milieu. Er heiratete eine Cousine meiner Mutter. Es dauerte lange, bis die »Herrschaft« diese »noblen« und eleganten Stadtdamen als die Ihrigen annahm. Michael war kein guter Schüler. Einige seiner Verwandten betrachteten ihn als einen Dummkopf, aber das war er bestimmt nicht. Er hat immer sehr hart gearbeitet und seines Vaters Metzgerei sehr erfolgreich weitergeführt. Er, wie fast alle der »Herrschaft«, arbeitete bis spät in die Nacht.

Michaels Frau kam, wie auch meine Mutter, aus einem sehr religiösen Haus. Michael selbst hatte immer eine starke Neigung zu einer religiösen Lebenshaltung. Aber seinen wirklichen Weg fand er viel später im Leben. Im Alter von 50 Jahren bekam er vom orthodoxen Rabbinat die Beglaubigung, daß er als Metzger entsprechend den striktesten jüdisch-orthodoxen Gesetzen qualifiziert war. Das setzte ein langes Studium voraus, und in einer Prüfung mußte er nicht nur seine Qualitäten als Metzger, sondern auch ein umfangreiches jüdisches Wissen nachweisen. Als die »Herrschaft« in diesem Jahr ihre eigene Synagoge baute, wurde Onkel Michael der Wächter des neuen Gotteshauses. Er schenkte für den Bau der Synagoge ein Stück Land, und es war sein größter Stolz, daß sie direkt gegenüber seinem Haus errichtet wurde. Onkel Michael war immer ein ruhiger Mann, aber nach dem Bau der Synagoge erschien er mir wie ein weltlicher Priester. In der schrecklichen Zeit, die auf alle der »Herrschaft« zukam, waren sein Gottvertrauen und sein Glauben an die Weisheit Gottes unerschütterlich.

Onkel Michael war stolz auf seine physische Kraft, und jede Beleidigung oder Beschimpfung seiner Rasse und Religion brachte seinen ganzen Zorn hervor, und wehe dem, gegen den sein Zorn sich richtete. Wie der Rest der »Herrschaft« war auch Onkel Michael im Dorf sehr geachtet, nicht nur wegen seiner Muskelkraft. Er hat ziemlich spät geheiratet, und seine beiden Töchter waren deshalb noch jünger als ich. Sie wurden später in den Geburtsort ihrer Mutter zur Schule geschickt. Es war für Onkel Michael eine große Enttäuschung, daß er keinen Sohn hatte. Aber im Alter von 55 Jahren wurde ihm dieser Wunsch erfüllt.

Die Geburt eines Sohnes in diesem eher späten Lebensalter stärkte seinen religiösen Glauben noch mehr. Hatte er nicht eine ähnliche Gnade wie sein Vorfahre Abraham erhalten? Für Michael wurde der Fortbestand des jüdischen Volkes zu seinen Lebzeiten wieder sichtbar. Wir Kinder fühlten uns in Onkel Michaels Haus sehr wohl. Es war dort wie zu Hause. Natürlich war es unmöglich, ihn am Sonntag zu besuchen, ohne Kaffee und Kuchen vorgesetzt zu bekommen. Von hier fuhr mein Vater zu seinem zweiten Hof, und oft blieb meine Mut-

ter zurück, um sich mit ihrer Cousine, Tante Sofie, Onkel Michaels Frau, zu unterhalten.
Meine beiden Schwestern und ich gingen ins Dorf hinunter, bis wir zu Tante Rosals Haus kamen. Aber bevor wir dort ankamen, gingen wir zuerst in ein Haus, welches einem anderen wichtigen Zweig der »Herrschaft« gehörte. Es gab noch mehr Familien Lucas in der »Herrschaft«. Alle waren Metzger oder Viehhändler. Die Viehhändler waren gleichzeitig Bauern, und Metzger wie Viehhändler taten alle Arbeit selbst. Es war eine Ausnahme, wenn fremde Leute für sie arbeiteten. Es war der Stolz der »Herrschaft«, daß die ganze Familie, besonders die Söhne, zusammen mit ihrem Vater alle Arbeiten verrichteten, sowohl in der Metzgerei als auch auf dem Hof. Wie stolz und glücklich waren diese Väter, wenn sie mit ihren kräftigen und tüchtigen Söhnen am Sabbat in der Synagoge erschienen. »Schaut her, wie stark und unabhängig wir sind, wir brauchen kein Wohlwollen und keine Hilfe, wir haben vor niemandem Angst.«

Die Kellers

Josef Keller hatte eine andere Schwester meines Vaters geheiratet, Tante Hanna. In ihrem Haus war es genauso sauber wie in den anderen Häusern. Josef Keller war auch von Beruf Metzger, aber er hatte in seinem Haus auch noch ein Tuch- und Kurzwarengeschäft eröffnet. Dieses hatte er allmählich zu einem Laden ausgebaut, der das Niveau eines Geschäfts der Stadt hatte. Er war einer der gelehrtesten jüdischen Männer im Dorf. Am Sabbat und an den Feiertagen las er aus der Thora (den fünf Büchern Moses) vor. Diese Thorarollen, die in der Synagoge aufbewahrt und gelesen werden, sind in einer alten Schrift geschrieben und können nur von Männern gelesen werden, die ein fundamentales Wissen des Gebetbuches, der hebräischen Bibel und der jüdischen Tradition im allgemeinen haben. Der Teil der Thora, welcher der Gemeinde gerade vorgelesen wird, wird in Wirklichkeit in ganz traditionellen Melodien gesungen. Diese muß der Kantor genau und auswendig kennen. Das war Josef Kellers Aufgabe während vieler Jahre, und er sah es als ein großes Privileg in dieser jüdischen Gemeinde an. Josef Keller war ein kleiner, dünner Mann mit einem kurzen Bärtchen und einem langen gedrehten Schnurrbart. Aber trotz seines unscheinbaren Aussehens war er voller Kraft und konnte, wenn es notwendig war, ein harter Kämpfer sein. Er, genau wie Onkel Michael, hatte eine priesterliche Ausstrahlung, und er wurde von der »Herrschaft« oft einfach »Vater« genannt, nicht nur, weil er Vater von sechs Kindern war. Seine Frau Hanna war einst in der ganzen Gegend für ihre besondere Schönheit berühmt. Ich kannte sie nur als eine ältere Dame, aber selbst da war ihre wohlbekannte Schönheit noch sichtbar. Mein Vater pflegte zu sagen, daß Tante Hanna das Abbild der Mutter sei, und so war es auch. Immer, wenn Tante Hanna zu uns kam und wir in dem Zimmer waren, in dem das Bild meiner Großmutter hing, verglich ich die Frau, die im Zimmer saß, mit dem Bild an der Wand. Das gütige, freundliche Gesicht Tante Hannas mit Grübchen in den Wangen sah genauso aus wie das Gesicht auf dem Bild an der gegenüberliegenden Wand. Ihr schwarzes Häubchen und das dunkle Schultertuch aus Samt machten diese Ähnlichkeit fast komplett. Meine Mutter machte manchmal die Bemerkung, daß mein Vater wieder wie ein kleiner Junge würde, wenn er Tante Hanna sah und mit ihr sprach.

Das Leben der Familie Keller war in gewisser Weise eine Fortsetzung, wenn nicht eine Wiederholung des Lebens meiner Großeltern, obwohl das Haus, in dem sie wohnte, viel moderner war. Die Atmosphäre, die es ausstrahlte, war ganz so wie die in meinem Elternhaus. Es gab ein Schlachthaus neben einem kleinen Kuhstall. Auf der anderen Seite des Schlachthauses war eine kleine Speisekammer, wo auch gekocht wurde. Der erste Raum, in den man eintrat, war die helle, saubere Küche. Auch hier war eine Bank mit harter, gerader Rückenlehne hinter dem Tisch. Was mich in dem Wohnzimmer am meisten faszinierte, war ein dicker Wandteppich, der eine palästinensische Landschaft darstellte mit dem Löwen Juda im Vordergrund. Im angrenzenden guten Zimmer, dem Eßzimmer, hingen wieder die Bilder meiner Großeltern im gleichen verzierten Bronzerahmen wie im Haus gegenüber und wie bei uns zu Hause. Wie sicher, warm und geschützt wirkte dieses Haus der Kellers. Uns Kinder, aber noch mehr Vater und Mutter, zog es oft dorthin. Immer, wenn mein Vater in die Küche kam – es wäre ihm nie eingefallen, einen anderen Weg zu nehmen, als durch die kleine Tür im großen Hoftor und über den Hof in die Küche –, empfing Tante Hanna ihn mit ihrem freundlichen Lächeln. »Isaak, mein Junge, komm herein!«; und wenn Vater Onkel

Josef nicht sah, fragte er: »Und wo ist ›Vater‹?« Josef und Hanna Keller hatten 6 Kinder. Ich kannte sie nur als Erwachsene, mit Ausnahme des Jüngsten, Ernst, der etwa 6 Jahre älter war als ich. Er war ein guter Freund von Walter Elkan, der gleichaltrig war.
Alle Kinder der Kellers hatten die charakteristischen Eigenschaften der »Herrschaft«. Alle waren sehr unabhängig. Die Jungen waren im Dorf wegen ihrer großen Kraft bekannt. Die »Herrschaft« war stolz auf ihre schönen Stimmen. Wie oft mußte Ernst aufstehen, um meinem Vater etwas vorzusingen, und wie stolz war dann mein Vater. »Dieser Junge ist wie ich«, sagte er, während er diesen hübschen, kräftigen Jungen anschaute, der in diesem Augenblick sein ganzes Gefühl in das Lied legte, das er gerade sang.
Die älteste Tochter des Hauses hatte einen Mann aus Aachen geheiratet und sich so sehr an das Stadtleben angepaßt, daß kaum eine Spur von ihrer ländlichen Herkunft zu erkennen war. Ihren Haushalt jedoch führte sie in der überlieferten Art ihrer Familie. Leo Keller, der älteste Sohn, war das auffallendste und vornehmste der Kinder. Er ging in die Tuchbranche nach Aachen, die Stadt, die für ihre Tuchindustrie berühmt war. Er wurde sehr erfolgreich und konnte bald sein eigenes Geschäft eröffnen. Wie sein jüngerer Bruder Ernst war auch Leo ein gutaussehender junger Mann. Von seiner Erscheinung her würde niemand gedacht haben, daß dieser elegant gekleidete Herr einmal auf dem Dorf gelebt hatte. Er war der erste in der ganzen Familie, der sich einen Wagen kaufte, und er lebte in einer modernen Wohnung in Aachen. Leo, wie die meisten seiner Geschwister, lehnte die Sprechweise der »Herrschaft« ab, die viele hebräische Wörter enthielt. Er war auch einer der ersten, der die jüdische Tradition vernachlässigte. Er fuhr sogar am Sabbat mit seinem Wagen vor unserem Haus vor. Seltsamerweise beklagten meine Eltern sich nie darüber. Über diese Tatsache wurde einfach nicht gesprochen.
Mein Vater hatte neben seinen eigenen die Kinder der Kellers am liebsten, lieber als all die anderen jungen Leute der »Herrschaft«. Als die älteste Tochter heiratete, hielt mein Vater die Hochzeitsrede. Er deutete an, daß er sich fast soviel wie ihre Eltern für Elses Erziehung verantwortlich fühlte, ebensosehr wie für die anderen 5 Kinder. Er erinnerte daran, wie er sie als Baby herumgetragen hatte, und daß sie manchmal sogar einen wohlverdienten Klaps von ihm bekommen hatte.

Aber Leo, mehr noch als der Jüngste, war sein Liebling. Später verstand ich, daß Vater in Leo Kellers Leben viel von seinem eigenen sah. Leo blieb ein richtiges Mitglied der »Herrschaft«, obwohl seine Lebensweise von der seiner Familie im Dorf sehr verschieden war. Wenn er nicht regelmäßig am Wochenende oder im Laufe der Woche für eine Nacht nach Hause kam, war seine Mutter beunruhigt und unglücklich. Leo kam nie mit leeren Händen. Für seine Mutter war das Beste gerade gut genug. Einmal zu Hause, wurde er sofort wieder das Kind der Familie. Selbst seine Redeweise änderte sich etwas. Aber auch in der Stadt war er wie eine »Herrschaft«. Wie seine Verwandten im Dorf wußte er genau, was er wollte. Auch er war stolz und ohne Furcht. Obwohl er ein gemütliches Leben vorzog, arbeitete er genauso schwer in seinem Geschäft wie die Metzger und Viehhändler in seinem Geburtsort. Immer, wenn Leo zu uns kam oder wenn wir ihn im Dorf trafen, konnte ich meine Augen nicht von ihm wenden und meine Ohren nicht vor den Geschichten, die er zu erzählen hatte, verschließen. Er imitierte die Leute, besonders die eigenartige Sprechweise der älteren Menschen im Dorf. Tante Rosal war das Lieblingsopfer, und selbst mein Vater sagte dazu nichts. Als ich in Köln-Ehrenfeld im jüdischen Hospital lag, machte Leo mehrere Male die weite Fahrt, um mich zu besuchen und brachte mir die zu der Zeit sehr seltenen dicken, blauen Trauben mit. Er saß stundenlang an meinem Bett und erzählte mir die Ereignisse der Familie und imitierte Tante Rosal. Ich fühlte, daß er wirklich Angst um mich hatte, die sich hinter dieser leichten Unterhaltung und den Scherzen verbarg. Obwohl er das Befolgen der religiösen Gesetze vollkommen abgelegt hatte, sah man Leo Keller, wie alle anderen, an den hohen Feiertagen, besonders aber am Versöhnungstag, in der Synagoge von Langweiler. Mit der ganzen Gemeinde fastete er von einem Abend bis zum nächsten Abend. Wie sein Vater heiratete Leo auch erst mit weit über 30 Jahren. Aber er blieb auch dann dem Elternhaus verbunden und ein Mitglied des Hauses, bis es aufhörte zu existieren.
Walter Keller, der zweite Sohn der Familie, war ganz verschieden von seinem älteren Bruder. Walter war zu Hause geblieben und wie sein Vater Metzger geworden. Er widmete sich dieser Arbeit mit ganzem Herzen und hatte keine anderen Interessen. Walter und sein Vater kamen jeden Freitagmorgen in ihrem zweirädrigen Wagen, später in ihrem eigenen Auto, um uns und seiner Schwester Else das rituell

vorbereitete (koschere) Fleisch zu liefern. An kalten, klaren Wintermorgen kam Walter in schweren Stiefeln, Ledergamaschen, Breeches und einer Lederjacke ins Zimmer. Und selbst wenn er im Zimmer war, hätte er seinen schweren Rock nicht ausgezogen. Hitze und Kälte schienen ihm nichts auszumachen. Walters Stimme füllte den Raum mit seinen Geschichten über wilde Kühe, schwere Ochsen oder Leute, die er gewarnt hatte, ihre Zunge besser im Zaum zu halten. Genau wie sein jüngerer Bruder Ernst besaß Walter den Respekt der Dorfjugend. Die Lebensweise, die von den Eltern in früheren Jahren eingeführt worden war, wurde von Walter und seinen jüngeren Brüdern aufrechterhalten. Niemand wagte, eine abfällige Bemerkung über seine Rasse zu machen, wie das sonst üblich war. Sie hätte eine fürchterliche Wut in Walter hervorgerufen. Auch Walter war schon über 30 Jahre alt, als er die Tochter eines Metzgers aus dem nahegelegenen Warden heiratete. Obwohl er nicht sehr religiös war, besuchte er die Synagoge regelmäßig, solange er zu Hause wohnte. Walter vertrug sich mit seinem jüngeren Bruder Ernst nicht sehr gut. Ernst war in Aussehen und Anschauung seinem Bruder Leo sehr ähnlich.
Aber während Leo das Elternhaus recht früh verließ, lebte Ernst, der seinen Weg für seinen Beruf lange suchte, noch zu Hause. Er führte zusammen mit seinen beiden Schwestern das Tuchgeschäft, bis er das Haus verließ, um in der nahen Stadt in einer großen Tuchfirma zu arbeiten. Ernst war ungefähr 8 Jahre jünger als sein Bruder Walter. Einmal entstand ein wirklicher Streit zwischen ihnen. Ernst war ihm in diesem Streit körperlich so überlegen, daß Walter seinem jüngeren Bruder gegenüber nie mehr gewalttätig wurde. Im ganzen Dorf lachte man sehr darüber. Die Leute meinten, daß Walter endlich seinen Meister gefunden habe, und zwar in der Person seines jüngeren Bruders. Die beiden Mädchen, Anni und Herta, lebten zu Hause und halfen der Mutter im Haushalt und verließen Deutschland bald danach, kurz bevor durch die Ereignisse, die im Jahre 1933 folgten, die Zerstörung der »Herrschaft« begann. Die Bande zwischen den Familien Elkan und Keller waren durch die Kinder recht eng. Zwischen den Vettern und Cousinen bestand ein sehr gutes, nachbarschaftliches Verhältnis und manchmal auch ein gutnachbarschaftlicher Streit.
Es gab noch drei andere Familien Keller, wovon zwei auch Metzger waren. Der eine von ihnen, Nathan Keller, war ein Mann von rastloser Energie. Er hatte zweimal Lungenentzündung, und gegen die Rat-

schläge der Ärzte arbeitete er bis spät in die Nacht in seinem gutgehenden Geschäft. Es war bekannt, daß er nach Sabbatausgang, d. h. am selben Abend, sich seine Arbeitskleidung anzog und, obwohl er es nicht nötig hatte, das Fleisch von 10 oder 12 Kühen und Ochsen vorbereitete und zerteilte, damit alles für den Fleischmarkt am Montagmorgen fertig war. Er sagte zu seiner Frau: »Komm, Johanna, hilf mir schnell das Fleisch fertigzumachen«, als ob es eine Sache von einer halben Stunde wäre. Mit einem oder zwei Gehilfen arbeitete dann das Paar bis zum frühen Morgen. Nathan war, wie fast alle Kellers, im jüdischen Wissen sehr bewandert und ein ruhiger und edler Charakter. Sein vorzeitiger Tod durch eine dritte Lungenentzündung wurde von der ganzen Gemeinde zutiefst betrauert. Sein einziger Sohn war nicht fähig, das Geschäft fortzuführen. Er verließ das Dorf und fand Arbeit in der Stadt. Die dritte Familie Keller war Viehhändler. Karl Keller war am besten bekannt unter seinem Spitznamen »der Schnubbeler« wegen seiner schnellen und undeutlichen Sprache. Seit sie junge Leute waren, hatten er und mein Vater nicht miteinander gesprochen. Was sie als unüberbrückbar betrachteten, war durch eine Geschäftsaffäre hervorgerufen worden. Weder die Kinder noch die Frauen der beiden Familien kümmerten sich darum. Ich ging oft in ihr Haus. Und wenn ich als kleiner Junge in Langweiler in der Synagoge war, setzte mich der »Schnubbeler« auf seine Knie und fütterte mich mit Schokolade, und mein Vater erhob keinen Einspruch.

Max Voss

Zu der Gemeinde gehörte noch ein Mann, der mit keiner der drei Familien verwandt war. Max Voss war ebenso Viehhändler wie die meisten anderen. Er war genauso alt wie mein Vater, und beide gingen zusammen zur Schule. In meinem ganzen Leben habe ich keinen Mann gesehen, dessen Aussehen an Werktagen und an Feiertagen in der Synagoge so unterschiedlich war. An gewöhnlichen Werktagen sah er in seinen leicht schäbigen und abgetragenen Kleidern müde und mißmutig aus. Sein Gesicht war voller Falten und gab der ganzen Person ein verdrießliches Aussehen. Max Voss war Ehrenkantor der Synagoge in Langweiler und in der ganzen Gegend berühmt bis nach Aachen. Die reiche Gemeinde dort, die seine außergewöhnliche

Stimme und die ursprüngliche und hingebungsvolle Art, die Gebete vorzutragen, kannte, bemühte sich sehr, ihn zu überreden, die Stellung als Kantor, besonders an den hohen Feiertagen, dort anzunehmen. Aber Max Voss lehnte diese Angebote immer wieder ab. Jahrelang ging er jeden Samstag von Hoengen nach Langweiler, um die Gebete mit großer Andacht vorzutragen. Wenn er vor dem Schrein in der Synagoge stand, war Max Voss ein ganz anderer Mann als der gebeugte und überdrüssige, der er während der Woche war. Sein langer Gebetsschal war mit schwerer, silberner Stickerei besetzt und vorne mit einer Spange in Gestalt von zwei segnenden Händen zusammengehalten. In den Schal gehüllt stand er, eine mächtige, aufrechte Gestalt und füllte mit seiner tiefen Stimme den Raum. Wenn er die heiligen Thorarollen aus dem Schrein nahm, sie in seinen Armen hielt und sich zur Gemeinde drehte, erleuchtete ein wundervolles, fast verklärtes Lächeln sein Antlitz. Wir sehen Max Voss noch einmal am höchsten Feiertag, dem Versöhnungstag, vor dem Schrein, ein Riese von geballter Kraft, mit seinem Gott um Vergebung der Sünden seiner menschlichen Geschöpfe kämpfen, der kleine Viehhändler aus Hoengen, Max Voss.

4. Kapitel

Tante Rosal

Gegenüber dem Haus von Josef und Hanna Keller, dem letzten Haus am Weg, wohnte Tante Rosal ganz allein mit ihrer Magd. Es war das Haus, in dem mein Vater aufwuchs, das Haus, welches der Eckstein der Gemeinschaft der »Herrschaft« war. Im ganzen Bereich der »Herrschaft« war Tante Rosal bestens bekannt. Sie mischte sich in die persönlichsten und intimsten Familienverhältnisse ein. Sie war für manchen Streit und manche Unzufriedenheit bei den verschiedenen Verwandten verantwortlich. Trotzdem war sie ein ruhender Pol inmitten der »Herrschaft«, ein Symbol der Arbeit, Häuslichkeit und Sparsamkeit. Sie war vor allem stark, ausdauernd und hart, ein Typ, den die Wechselfälle des Lebens weder beugen noch brechen konnten. Aus diesem Grunde, meine ich, wäre es der Mühe wert, ein wenig über sie zu erzählen.

Tante Rosal wurde 1864 als erstes Kind meiner Großeltern geboren. Sie ging nur wenige Jahre zur Schule, weil mehr Kinder geboren wurden und sie dringend für die Arbeit im Haus und auf dem kleinen Bauernhof gebraucht wurde. Neben seiner Metzgerei hielt Großvater immer einige Kühe, deren Zahl er nach einigen Jahren auf 10 erhöhte. Vierzehnjährig stand Rosal morgens um 5 Uhr auf, um die Kühe zu melken und dann im Haus beim Putzen und Kochen zu helfen. Sie achtete darauf, daß die Kinder zeitig zur Schule gingen, machte die Kartoffeln im Garten aus und half, die Kleider der wilden und immer streitenden Jungen zu flicken. Im Laufe der Jahre bekam sie immer mehr Arbeit. Sie war ein kleines kräftiges Mädel, in gewisser Weise sogar anziehend. Aber während die Jahre vorübergingen, die Kinder größer wurden und ihren Platz bei der Arbeit im Haus einnahmen, ging das Leben an Tante Rosal vorbei. Sie wurde unentbehrlich und war überzeugt, daß alles in Haus, Hof und Metzgerei nicht mehr weiterging, wenn sie sich nicht vom frühen Morgen bis spät in die Nacht um alles kümmerte. Mein Vater, das jüngste der Kinder, wurde von Tante Rosal großgezogen. Sie flickte seine Kleider, die immer zerrissen waren, wenn er von der Schule heimkam. Sie strafte ihn auch, wenn es nötig war. Sie verließ nie das Dorf und nur selten das Haus und den Bauernhof, um nach Langweiler in die Synagoge zu gehen. Sie wurde eins mit ihrer Arbeit, und wehe dem, der daran dachte, sich einen ganzen Abend oder einen ganzen Nachmittag vom Hause zu entfernen. »Ausgehen und Geld ausgeben, unnötig, bleibt zu Haus, da ist genug Arbeit für euch!«

Als Tante Rosal 25 Jahre alt war, kam gelegentlich ein sonderbarer Mann ins Haus. Er war weder Viehhändler noch Metzger, etwa 40 Jahre alt. Er muß sehr einsam gewesen sein. Der Anblick dieses immer geschäftigen, starken und häuslichen Mädchens muß in ihm die Hoffnung erweckt haben, selbst ein Heim zu besitzen, in dem er es gemütlich und ruhig haben könnte. Er ging mit Tante Rosal nicht aus, weil er von Anfang an sah, daß ihr das nicht gefallen und auch nichts an ihren Gefühlen für ihn ändern würde. Gewöhnlich kam er am Abend, setzte sich an den breiten Eichentisch, las seine Zeitung und bekam ein reichliches Essen. Sonst war er sehr still und beteiligte sich kaum an der Unterhaltung. Die meiste Zeit saß er nur da und starrte vor sich hin, ohne etwas Besonderes zu tun. Er war der erste Mann, der Tante Rosal als Frau ansah. Ohne daß etwas darüber gesagt wurde, wurde er als ihr zukünftiger Mann angesehen. Er kam über 10 Jahre ins Haus. Während dieser ganzen Zeit sprach in der Familie niemand über seine Absichten. Er saß da, sah vor sich hin, nahm sein Essen ein und sagte nichts.

Die Schwestern Tante Rosals heirateten eine nach der anderen. Die Brüder wurden erwachsen und gründeten ihre eigenen Familien. »Ihr seid nur darauf bedacht, von zu Hause fortzukommen, was hier geschieht, interessiert euch nicht«, war das übliche Argument, von den Mädchen so gehaßt, das Tante Rosal ihnen vorhielt, wenn sie abends ihre Freunde treffen sollten oder tanzen gingen.

Ihr Vater starb 1899. Diese Begebenheit ließ wenigstens die Brüder etwas mehr über die Zukunft ihrer älteren Schwester nachdenken. So kam es, daß sie sich entschlossen, mit dem schweigsamen Mann ein offenes Wort zu sprechen, der immer noch kam, um in der Küche zu sitzen. O nein, sie wollten durchaus keinen Bruch der Gastfreundschaft, die in diesem Hause so streng beachtet wurde. Sie wollten nur wissen, was mit ihm und ihrer Schwester Rosal geschehen sollte. Tante Rosal drehte das Butterfaß in der kleinen Speisekammer im

Hof. Die drei Brüder saßen in der Küche, und plötzlich wandte sich der älteste der Brüder, Onkel Selig, an den sonderbaren Mann: »Hören Sie, Sie kommen über 10 Jahre her, und wir hatten nichts dagegen. Aber wir möchten gerne wissen, und wir denken, daß das verständlich ist, was mit Rosalie geschehen soll.« In der sauberen, ruhigen Küche war ein beklemmendes Schweigen. Der Mann sah die drei Brüder an, aber nicht ein Sterbenswort kam über seine Lippen. Einige Augenblicke später stand er plötzlich auf, nahm seinen Hut von dem Garderobenständer und ging hinaus. Er kam nie mehr zurück und wurde von keinem in der Familie je wieder gesehen. Er war der erste und letzte Mann in Tante Rosals Leben. Es wurde nie mehr darüber gesprochen.

Tante Rosal ging wie immer ihrer täglichen Arbeit nach. Vielleicht stammt aus dieser Zeit ihr berühmter, immer wiederkehrender Satz, der uns Kindern später unendlich viel Spaß bereitete, wenn wir sie nachahmten, gewiß, daß Vater nicht in der Nähe war: »Oha, ich bin ein arm alt Mensch.« Mein Vater heiratete 1911, ein Jahr später sein ältester Bruder Michael. Im alten Haus wurde es still. Nur gelegentlich am Wochenende, aber regelmäßig an den hohen Feiertagen, kamen viele Kinder zurück ins Haus, solange die »kleine Mutter« noch lebte. Tante Rosal tat weiter ihre über Jahrzehnte gewohnte Arbeit. Sie molk die Kühe, arbeitete im Garten und sah nach dem Rechten im Haus. Sie half jetzt sogar Onkel Michael im Schlachthaus, das neben dem Kuhstall war, die Portionen für die Kunden vorzubereiten. Michaels Frau, eine Cousine meiner Mutter, war völlig ungeeignet für diese Arbeit. Wie meine Mutter kam auch sie aus dem Badeort Wiesbaden, den der deutsche Kaiser oft besuchte. »Du mußtest natürlich so eine feine Dame aus der Stadt heiraten, die diese Arbeit nicht kennt. Sie sitzt zu Hause und tut nichts, während ich helfen muß, die Portionen vorzubereiten. Niemand nimmt auf mich Rücksicht. Oha, ich bin ein arm alt Mensch.« Es war möglich, daß Onkel Michael, nachdem er solche Äußerungen gehört hatte, nach Hause ging und darüber nachdachte, warum seine Frau nicht mehr Interesse für seine Arbeit zeigte. Hatte Tante Rosal doch recht, und, als er den ersten Heiratsantrag stellte, hatte seine Frau nicht ausgerufen, »was, einen Metzger, und auch noch vom Lande?« Aber Onkel Michael liebte seine Frau sehr, wie auch mein Vater meine Mutter liebte. Wenn hier und da einmal Schwierigkeiten zwischen ihr und Onkel

Michael auftraten, sagten die anderen, Tante Rosal hat wieder einmal gehetzt.
Anfang 1914 starb meine Großmutter. Damals waren alle 8 Kinder verheiratet, nur Tante Rosal lebte allein im Haus. Den meisten ihrer Geschwister ging es recht gut, besonders meinem Vater. Er war der erfolgreichste. Während seine Mutter noch lebte, steuerte er reichlich für den Unterhalt der Familie in Hoengen bei. Das Haus war gefüllt mit Lebensmitteln, ebenso wie der Geldschrank im Wohnzimmer mit Goldstücken. Meine Großmutter erlebte noch, wie das Haus immer schöner möbliert wurde. Mein Vater kaufte ihr zu ihrem Vergnügen selbst solch eine Rarität wie ein Grammophon. Ich erinnere mich noch des altmodischen großen Trichters. Keiner von uns wagte, das Grammophon anzurühren.
Tante Rosal hätte sehr bequem leben können, aber sie zog es vor, immer noch mehr Kühe anzuschaffen. Sie molk immer noch und grub den Garten um, aber sie hielt sich jetzt eine Magd. Obwohl sie nun allein im Hause war, änderte sich ihre Lebensweise nicht. Sie stand morgens um 5 Uhr auf, und die arme Magd mußte das auch tun. Es gab großen Streit, als Milch auf den sauberen Hof verschüttet wurde. Solch eine Verschwendung, und auch noch den Hof verschmutzen, das war zuviel. Gekocht wurde immer noch in der kleinen Küche im Hof. Der Küchenherd war sauberer denn je. Butter wurde immer noch gemacht und Hühner wurden gehalten. Die Ernte der vielen Obstbäume wurde verkauft, und Tante Rosal besuchte zu diesem Zweck die Kunden. Bei dieser Gelegenheit fragte sie auch nach Aufträgen für ihren Bruder Michael.
Um diese Zeit besuchte Tante Rosal häufig ihre Geschwister im Dorf. Gleich, wohin sie ging, immer hing ein Korb an ihrem Arm mit Fleisch, Obst oder Eiern gefüllt. Sie war auf dem Weg zu Kunden, ob es nun Leute im Dorf waren oder ihre eigenen Verwandten. Tante Rosal kam immer durch die kleine Tür in dem Tor und ging gleich in die Küche. »Weißt du, dein Küchenherd ist heute aber nicht sehr glänzend«, sagte sie, oder: »Wie schmutzig die Hosen von dem Jungen sind, ja ich weiß, er ist ein kleiner Teufel, man müßte mehr auf ihn achtgeben«, oder: »Die Kellers verschwenden viel zuviel Geld an ihre Mädchen, die sollten mehr im Haus arbeiten und weniger herumlaufen.« Solche Aussprüche wurden dauernd von Tante Rosal gemacht. Manchmal lachten die Eltern darüber, manchmal ärgerten sich die

Leute auch, und dieser Ärger kam dann abends zur Sprache, wenn die Familie zusammen war. Wenn Tante Rosal anfing, sich über ihr altes Kleid zu beklagen und sagte, sie könne es sich nicht leisten, wie andere Leute ihren Kleiderschrank voll neuer Sachen zu haben, lachte man sie einfach aus. »Ich wünschte, ich hätte soviel Goldstücke im Geldschrank wie du«, war die Antwort. »Ich«, antwortete Tante Rosal mit einem tiefen Seufzer, »ich muß für meine kleinen Bedürfnisse sehr hart arbeiten. Im übrigen kümmert sich ja keiner um mich. Oha, ich bin ein arm alt Mensch.«
Der einzige, der über ihre Klage nur lachte und sich über alle ihre Klagen und Ratschläge hinwegsetzte, war Onkel Hermann. Sie nannte ihn »der blöde Lange«. In seinem Haus war sie ruhiger als in den anderen Häusern. Dort konnte sie sich nicht einmischen. Während des ganzen Ersten Weltkrieges lebte sie allein im Haus. Mehr denn je gab sie während der Inflation auf ihre Goldstücke acht. Die Schlüssel, die sie beim Tode ihrer Mutter erhalten hatte, legte sie nachts unters Kopfkissen. Als meine Mutter als meines Vaters Braut der Familie einen Besuch machte, nahm meine Großmutter sie mit zum Geldschrank, öffnete ihn und gab ihr ein oder zwei Goldstücke. »Hier, mein Liebes, geh und kaufe dir dafür ein schönes Porzellanservice, aber sag keinem etwas davon und gib vor allem acht, daß Tante Rosal nichts davon erfährt.« Meine Großmutter hatte meine Mutter sehr lieb und verteidigte sie immer, wenn Tante Rosal ihre Klagen gegen die »Stadtdame, die für unseren Isaak vollkommen ungeeignet ist«, hervorbrachte.
Mein Vater ließ sich mit Wohnung und Geschäft in der etwa 10 bis 15 Kilometer entfernten Stadt Aachen nieder. Ich erinnere mich noch an Tante Rosals Besuche bei uns. Sie kam mit einem etwas leidenden Lächeln herein und küßte jedes Mitglied der Familie. Nachdem sie ihren schwarzen Samtmantel ausgezogen und sich davon überzeugt hatte, daß er an einem geeigneten Platz aufgehängt war, öffnete sie ihre große Tasche und brachte die köstlichsten selbstgebackenen Plätzchen und Kuchen zum Vorschein. Dann fragte sie nach uns Kindern, nicht ohne durchblicken zu lassen, daß es reine Geldverschwendung sei, uns in eine höhere Schule zu schicken. In späteren Jahren mißbilligte sie sehr, daß Vater einen eigenen Wagen hatte.
Wenn sie ungefähr eine Stunde bei uns war, fing sie damit an, daß sie

nach Hause müsse. Die Magd mache lauter Unsinn, todsicher würde sie nicht eine Kuh richtig melken. Das Tor könne offen sein, und vielleicht benötige Michael ihre Hilfe. »Er ist ein solch gutmütiger, hilfloser Mensch und weiß Gott, was mit ihm geschehen würde, wenn ich nicht da wäre.« Dies war natürlich eine Stichelei gegen seine Frau Sofie.

Die Kleider der Mädchen waren das nächste Gesprächsthema. Sie war gewiß, daß sie viel zu teuer waren. Die Qualität war schlechter und überhaupt, warum bleibt man nicht bei dem einfachen schlichten und dicken Stoff? »Ich trage diese alten Fetzen seit mehr als 10 Jahren«, und zeigte auf ihr sehr gut geschneidertes Kleid.

Ich weiß nicht genau, warum meine Eltern mich manchmal die Ferien bei Tante Rosal verbringen ließen. Ich fürchtete mich nicht vor diesen Tagen, denn sie waren voll mit spannenden Erlebnissen und schönen Dingen. Aber ich wußte, so jung wie ich war, daß ich mich gegen Tante Rosal behaupten mußte. Sie beklagte sich dauernd über den Schmutz an meinen Schuhen, und daß ich den Schlamm des ganzen Dorfes mit in die Küche brächte. Während einer dieser Auseinandersetzungen sagte ich ihr ganz barsch, daß ich als ein Junge von 7 Jahren über den Dreck nicht fliegen könne. Und dadurch hatte ich für immer gewonnen. Dieses Gespräch fand gegen Abend in der Küche statt.

Tante Rosal hatte zu dieser Zeit einen Mieter ins Haus genommen. Die ganze Familie hatte sie dazu überredet, denn sonst hätte sie dauernd die verschiedenen Familien im Dorf besucht. Dieser Mann, der zu ihr zog, war ein kleiner Beamter aus der nahen Kreisstadt. Er nötigte ihr sehr bald Respekt ab. Außerdem mußte Tante Rosal ihr bestes Deutsch mit ihm sprechen. Da er kein Jude war, hätte er sonst nur die Hälfte von dem verstanden, was sie sagte. Trotzdem kannte Herr Thyssen sehr bald den größten Teil ihres Wortschatzes. Er hatte viel Humor, und so ging alles gut. Alles, was Herr Thyssen sagte, war richtig. Bei der Auseinandersetzung zwischen Tante Rosal und mir stand Herr Thyssen auf meiner Seite, und so gab es während dieser Ferien keinen Wortwechsel mehr über schmutzige Schuhe oder Schlamm in der Küche.

Herr Thyssen war ungefähr 35 Jahre alt. Tante Rosal war damals 58. Sie hatte also wieder jemanden, den sie versorgen konnte. Kurz nach diesen Ferien wurde Herr Thyssen bei einem Straßenbahnunfall schwer verletzt. Tante Rosal versorgte ihn, als ob er ihr eigener Sohn wäre. Jahre, nachdem er ihr Haus verlassen hatte, erzählte sie noch Geschichten über den klugen Herrn Thyssen.

Es gab eine Sache, für die Tante Rosal weder Anstrengungen noch Ausgaben scheute, das war das Essen. Allerdings sehr viele der guten Dinge, die sie anbot, waren hausgemacht.

Wenn ich längere Zeit von zu Hause fort war, veranlaßten meine Eltern mich, einen Besuch in Hoengen zu machen, was ich immer gern tat. Die Gastfreundschaft meiner Onkel und Tanten war einfach großartig. Aber Tante Rosal nach längerer Abwesenheit zu sehen, war überwältigend. Wenn ich über den Hof hereinkam und auf die eiserne Türmatte trat, schaute sie aus der Küche. Zur Begrüßung umarmte und küßte sie mich sehr herzlich. »Komm nur herein, mein Junge, ich gebe dir gleich etwas zu essen. Ich habe nicht viel im Haus. Hätte ich das nur vorher gewußt!« Bald saß ich hinter dem breiten Eichentisch, und Tante Rosal setzte den Wasserkessel auf den Küchenherd, um einen sehr guten Kaffee zu brauen. Bis das Wasser kochte, forderte ich sie auf, sich mir gegenüber zu setzen und mir zu erzählen, wie es ihr gehe und was ihre Arbeit mache. »Weißt du, mein Junge, ich werde alt. Mein Rücken tut mir sehr weh, und ich habe überhaupt keinen Appetit. Dabei ist soviel im Haus zu tun. Auf die Magd kann man sich gar nicht verlassen. So muß ich selbst jeden Morgen um 5 Uhr aufstehen.« Ich kam dann um den Tisch, streichelte ihr Haar und tätschelte ihre Hand. Dann folgte ich ihr in das Wohnzimmer und in den anschließenden kleinen Raum mit der bunten Glastür. Da waren mindestens zwei Käsekuchen, Plätzchen und viele kleine Törtchen. In einer großen Schüssel war Sahne und in einer anderen ganz frische Butter. Tante Rosal nahm einen halben Käsekuchen, Plätzchen und Törtchen, und während sie das alles in die Küche trug, schaute ich mich im Zimmer um, und für einen Augenblick war ich von der Geborgenheit dieses Raumes gefangen und von jedem Leid entfernt. Tante Rosal nahm Butter mit einem großen Holzlöffel und schüttete Sahne in eine kleine Schüssel. Es war eine sehr reichliche Mahlzeit mit gutem Kaffee.

Danach zog Tante Rosal ihre Wollweste an, und wir gingen Arm in Arm über die Straße zu Kellers. Die Bauersfrau von nebenan machte die Bemerkung, wie sehr ich gewachsen sei, und Tante Rosal wiederholte wie immer, daß sie mich wie eine Zigeunerin auf dem Rücken

getragen habe, als ich ein ganz kleiner Junge war. »Natürlich weiß er heute nichts mehr von alledem.«
Ich blieb die Nacht über und fühlte mich wieder wie ein kleiner Junge, wie ich geborgen in dem Bett mit dem großen Kissen und der dicken Daunendecke lag; wie heimisch war das Ticken des Weckers in Tante Rosals Schlafzimmer. Morgens wurde ich gewöhnlich durch das Gakkern der Hühner geweckt. Der frische Heuduft kam durch das offene kleine Fenster vom Schober über dem großen Tor. Ich lehnte mich aus dem Fenster und genoß die frische Morgenluft, als Tante Rosal mich durch ihren lauten Ruf störte: »Emma, steh auf!« Ein paar Augenblicke später rief sie lauter und mit schärferer Stimme: »Emma, du faules Ding, steh auf!« Es war erfrischend, sich unter der großen Messingpumpe im Hof zu waschen. Man fühlte sich gesund und stark.
Bevor ich heimging, bestand Tante Rosal darauf, für meine Eltern Kuchen und Plätzchen einzupacken. »So etwas kann man in keinem Geschäft kaufen«, und dann küßte sie mich mit einem tiefen Seufzer und sagte: »Deine arme alte Tante wird so leicht vergessen. Niemand kümmert sich um mich, oha, ich bin ein arm alt Mensch.« Ich versprach, bald wiederzukommen, und ich meinte es auch, denn jetzt hatte ich sie sehr liebgewonnen.
1932, als Tante Rosal gerade 68 Jahre war, wurde sie ernsthaft krank. Vorher war sie in ihrem ganzen Leben nicht einen Tag krank gewesen. Mit viel Anstrengung wurde sie überredet, in ein Hospital zu gehen. Neben all den Argumenten, die sie hervorbrachte, das Haus nicht allein lassen zu können, erklärte sie ernstlich, sie habe kein Geld, das Hospital und die habgierigen Ärzte, die nur Geld haben wollten, bezahlen zu können.
Meine Eltern brachten sie nach Rücksprache mit Onkel Michael und Onkel Hermann sofort in das beste Privatkrankenhaus in der Stadt. Die Ärzte hatten nur wenig Hoffnung. Wenn sie überhaupt weiterleben wollte, müsse sie sich einer schweren Operation unterziehen. Man beschloß, dieses Risiko auf sich zu nehmen. 12 große Steine entfernte man aus ihrer Gallenblase. Sie war sechs Wochen im Hospital. Sie war den Ärzten ein Rätsel, und sie machte sich über sie lustig. Die Krankenschwestern wurden von ihr tyrannisiert. Der Chirurg konnte nicht oft genug betonen, daß er nie eine solch harte, eigenwillige Person gesehen habe.
Tante Rosal wurde vollkommen gesund. Sie zeigte noch im Bett lie-

gend jedem Besucher stolz ihre Gallensteine, die man ihr entfernt hatte. Zwei Wochen nach ihrer Operation konnte sie schon schimpfen, weil ich sie in Pfadfinderuniform besuchte. »Wie könnt ihr den Jungen wie einen Rowdy herumlaufen lassen?« fragte sie meine Mutter. Tante Rosal kehrte in ihr Haus zurück und lebte dort noch 1938, als ich das Land verließ.

Die alte Dame und das alte Haus sind mir noch im Gedächtnis, so wie ich sie verlassen habe. Ich weiß jetzt und bin sehr dankbar dafür, daß der Tod Tante Rosal holte, bevor die Nazimörder sie erreichten und ihr Haus zerstörten. Manchmal in einer ruhigen Nacht, bevor ich einschlafe, höre ich das Ticken von Tante Rosals Wecker in meinen Ohren. Tante Rosal kommt die steile Treppe herauf, geht in ihr Zimmer, und nach einer Weile höre ich sie tief seufzen: »Oha, ich bin ein arm alt Mensch.«

5. Kapitel

Ein Blick in die dunkle Vergangenheit

Manchen Winterabend erzählte uns mein Vater Geschichten über seinen Groß- und Urgroßvater, so wie er sie als Junge von seinem Vater oder von alten Männern im Dorf gehört hatte. Sein ganzes Gesicht strahlte dann voll innerer Freude und Stolz. In den dunklen Tagen, in denen das Naziregime in Deutschland einen langen Schatten von Tod und Zerstörung auf unser Leben warf, gab die Erinnerung an diese Geschichten meinem Vater neue Kraft und erfüllte ihn mit Hoffnung, machten sie doch in jenen Tagen seine Last leichter. Möglicherweise hatte mein Vater im Hinblick darauf nie Furcht um seine Sicherheit, selbst nicht in den Tagen der Judenverfolgung. Er wußte, daß all seine Stärke ihm nicht viel nützen würde, aber er war entschlossen, für seine stolze Tradition aufrecht einzustehen, sollte es ihn auch selbst treffen. So ging er seinen Weg mit schwerem Herzen, aber ohne Furcht. Ich erinnere mich seither dieser Geschichten. Ich möchte noch einmal hervorheben, daß es einfache Geschichten über einfache Menschen sind. Ich fühle mich privilegiert, sie niederzuschreiben als ein Symbol von Kraft, Durchhaltevermögen und Lebenswillen unseres Volkes.

Der Urgroßvater meines Vaters lebte, wie alle Nachkommen bis zu meinem Vater hin, in derselben Gegend. Sein Name war Schmuel de Warde, und er lebte im Dorf Warden nicht weit von Hoengen entfernt. Die Juden nannte man zu jener Zeit nur mit ihrem Vornamen, vielleicht noch mit dem ihres Vaters dazu, meistens aber nur beim Vornamen und dem Namen des Ortes, in dem sie lebten. So hieß er eben Schmuel de Warde, Samuel aus Warden. Sein Vetter war bekannt als Schmuel de Bergh, einem Dorf in derselben Gegend. Diese beiden Männer waren bei Juden und Christen wegen ihrer außergewöhnlichen Stärke bekannt. Sie waren kleine Bauern und Viehhändler. Von diesen beiden und ein paar anderen gingen folgende Geschichten um.

Die Jacke meines Bruders

Zwischen zwei Nachbardörfern gab es heftige Fehden. Die beste Gelegenheit, den Handschuh zu werfen, war beim Dorftanz. Alle kräftigen Bauernjungen freuten sich mehr auf den bevorstehenden Kampf als auf den Tanz. So geschah es einmal, daß viele Burschen von Warden nach Kinzweiler zu Fest und Tanz gegangen waren. Aber Warden und Kinzweiler waren sich spinnefeind, und so dauerte es nicht lange, und im Tanzsaal gab es eine regelrechte Schlacht. Die Mädchen, deretwegen der Kampf ausbrach, flohen sofort. Die Wardener bekamen das meiste ab. Sie waren in der Minderheit und schwer zusammengeschlagen. Schlimm war, daß die Kinzweiler die Wardener Burschen in der Halle festhielten, um ihnen einen tüchtigen Denkzettel zu geben. Einem jungen Burschen gelang es jedoch, sich davonzumachen, als er die Lage erkannte. Er rannte schnurstracks zu Schmuel de Warde und bat um Hilfe.
Schmuel und sein jüngerer Bruder, ein unbesiegbares Paar, zogen ihre Jacken und Hüte an und eilten an den Ort der Niederlage. Schon das Erscheinen der beiden Brüder erfüllte die Kinzweiler mit Schrecken. Schmuel und sein Bruder stürzten sich auf die Menge wie zwei Riesen, teilten mit bloßen Händen Schläge aus und machten die Wardener bald zu Siegern. Als Schmuel und die Burschen von Warden den Saal verließen, mußten manche Kinzweiler sich erst einmal auf dem Boden erholen, bevor sie die übriggebliebenen Biergläser wieder in die Hand nehmen konnten. Sie hatten einen Schluck nötig.
Nachdem die beiden Brüder sich auf den Nachhauseweg gemacht hatten, stellte Samuel fest, daß sein Bruder ohne Jacke war. Offensichtlich hatte er sie im Saal liegenlassen. Er schickte seinen Bruder nach Hause und ging alleine zurück.
Plötzlich stand Samuel nochmals in der Mitte des Saales, schlug mit seiner Faust auf einen der Tische und brüllte: »Meines Bruders alte Jacke!« Ärgerlich und wütend, aber ohne ein Wort zu verlieren, wich die Menge zurück, bis Samuel das, was er holen wollte, in einer Ecke gefunden hatte, die alte Jacke seines Bruders.

Die Töpfeverkäufer

Samuel de Warde und Samuel de Bergh waren seit langer Zeit Feinde. Wenn sie sich im Dorf oder draußen in den Feldern begegneten, gingen sie aneinander vorbei, ohne ein Wort zu sagen oder sich anzusehen. Eines Tages kam Samuel de Warde auf seinem langen Weg durch die Gegend zu einer Wirtschaft, in der er sich ausruhen und etwas trinken wollte. Er war einige Minuten dort, als ein großer Planwagen draußen vorfuhr und mehrere Leute hereinkamen, die in der Gegend herumfuhren, um Töpfe und Pfannen zu verkaufen. Als sie den Juden dort sitzen sahen, dachten sie, es wäre ein Vergnügen, sich mit ihm anzulegen. Sie hatten eine große Bulldogge dabei, und der Hund setzte sich direkt vor Samuel, beobachtete ihn und war bereit zu springen, sollte der Mann sich auch nur bewegen. Die Verkäufer zogen Samuel am Bart und spuckten ihm ins Gesicht. Er konnte sich aber aus Furcht vor dem Hund nicht bewegen. Die Tür öffnete sich noch einmal, und herein kam Samuel de Bergh. In der zu dieser Zeit zwischen Juden gebräuchlichen Sprache, einer Mischung aus Hebräisch und Deutsch, flüsterte Samuel de Warde, ohne sich zu bewegen, Samuel de Bergh zu: »Unsere Fehde ist beendet! Du nimmst dir den Hund vor, und ich kümmere mich um die Burschen.« Mit einem Sprung erfaßte Samuel de Bergh das Maul des Hundes und zog es auseinander, während im selben Augenblick Samuel de Warde sich auf die überraschten und dann auch erschreckten Händler stürzte. Diese flohen den Ort ihrer wohlverdienten Strafe, und viele erzählten von den wilden Juden, für die der Galgen der rechte Platz sei.

Der Widder

Schmuel de Warde gebrauchte nicht immer Gewalt. Er besaß auch in einem hohen Grade Witz und gesunden Menschenverstand. Er war immer bereit, jemandem eine wohlverdiente Lektion zu erteilen und sich eins ins Fäustchen zu lachen.

Ein benachbarter Bauer, zu dem Schmuel ein herzliches Verhältnis hatte, besaß einen besonders hochgezüchteten und fetten Widder. Es war selbstverständlich, daß Schmuel ihn kaufen würde, sobald der Widder schlachtreif war. Ein anderer Viehhändler aus einem Nach-

bardorf mit Namen Abraham hatte seit geraumer Zeit auch ein Auge auf diesen Widder geworfen, und er war gewiß, daß dieses Mal das Tier sein Eigentum werden würde. Er bot einen hohen Preis, viel mehr als Schmuel bezahlt hätte. Er kaufte den Widder montags – donnerstags war Markttag – mit der Auflage, daß er Donnerstag früh um 5 Uhr kommen würde, um den Widder zum Markt zu holen. Als Schmuel am Dienstag zu dem Bauern kam, sagte dieser ihm, wohl mit schlechtem Gewissen, daß er leider den Widder an Abraham verkauft habe. Es tue ihm leid, aber den nächsten Widder bekäme Schmuel ganz bestimmt. Schmuel erkannte, daß Abraham dieses Mal das bessere Los gezogen hatte, aber er wollte ihm und dem Bauern eine Lektion erteilen. So zogen er und einer seiner Freunde Mittwoch morgens während der Frühstückszeit im schwarzen Anzug und Zylinder, jeder einen Spaten über der Schulter, an des Bauern Tür vorbei. Der Bauer sah die beiden in diesem Aufzug, sehr auffallend an einem Mittwochmorgen, kam ans Fenster und fragte, was geschehen sei. Schmuel wischte sich eine Träne aus den Augen und berichtete, daß Abraham ganz plötzlich gestorben und sie dabei wären, ihn zu beerdigen. Der Bauer drückte sein tiefes Mitleid aus.
Nachdem er sich eine Weile über die guten Eigenschaften Abrahams ausgelassen hatte, fragte Schmuel so ganz nebenbei, was der Bauer jetzt mit dem Widder tun würde, wo doch am nächsten Tag Markt sei. »Ja«, sagte er, »da Abraham jetzt nicht mehr unter den Lebenden ist, gehört das Tier natürlich dir.« Schmuel und sein Freund setzten die Spaten ab und gingen geradewegs mit dem Bauern in den Stall, den Widder zu holen. Schmuel bezahlte den Preis, den er ursprünglich vorhatte zu geben. Er drehte sich auf dem Absatz um und führte im schwarzen Anzug, den Spaten über der Schulter, den Widder fort.
Donnerstag morgens um genau 5 Uhr, es war noch dunkel, klopfte es fest an das Haustor. Der Bauer sprang aufgeschreckt aus dem Bett, am ganzen Körper zitternd. Vielleicht war es nur ein Alptraum, aber das Klopfen am Tor wurde lauter und jeden Augenblick drohender. Der Bauer bekreuzigte sich, wischte sich den kalten Schweiß von der Stirn, ging zum Fenster, öffnete es gerade einen Spalt und fragte mit leiser Stimme: »Wer ist da?« Aus dem Dunkel antwortete eine Stimme: »Abraham, ich bin gekommen, um den Widder zu holen.« Halb betend schlug der Bauer noch einmal das Kreuzzeichen und

flehte: »Abraham, geh zurück in dein Grab, der Widder ist schon geschlachtet.«
Die »Herrschaft« hat solche und ähnliche Geschichten über Generationen erzählt. Sie waren ein Teil ihres Stolzes. Die Nachkommen von Schmuel de Warde und Schmuel de Bergh haben diese Tradition beibehalten, besonders wenn jemand es wagte, die Juden zu beleidigen oder anzugreifen. Diese Tradition wurde lebendig gehalten, bis Kräfte, die die ganze Welt in den Abgrund stürzten, auch die »Herrschaft« von ihren Höfen rissen, die sie Jahrhunderte lang verteidigt hatten. Das nächste Kapitel zeigt, daß auch mein Vater sich zeitlebens so verhielt.

6. Kapitel

Mein Vater

Mein Vater Isaak wurde 1878 als jüngstes der 9 Kinder meiner Großeltern geboren. Die Familie hatte weder Zeit noch Neigung, ihn zu verwöhnen. Tagsüber wurde er von seiner ältesten Schwester versorgt. Das erste, wogegen er sich als Kind sträubte, war die Tatsache, daß er von allem essen mußte, was auf den Tisch kam, selbst die Haut auf der Milch. Die Hauptnahrung jedoch war für die ganze Familie viel Fleisch. Vater sagte oft, Fleisch mit viel Fett. Alle waren fest überzeugt, daß Fleisch dem Körper Gesundheit und Stärke geben würde. Jeder der »Herrschaft« glaubte, daß das viele Fleisch der Grund für ihre körperliche Kraft sei. Auch mein Vater war überzeugt, daß seine eigene Stärke und Ausdauer daher kämen.

Wie seine Geschwister ging Isaak in Langweiler zur Schule. Schon als Sechsjähriger mußte er einen Schulweg von einer Stunde zurücklegen. Nach Langweiler führte der Weg über freies Land, und im Winter war er durch Schneeverwehungen fast unpassierbar. Einmal mußte der Junge aus einer Schneewehe, in die er bis zur Schulter eingesunken war, herausgezogen werden. Wenn er nachmittags von der Schule nach Hause kam, mußte er für das Haus von der nahe gelegenen Grube Kohlen holen. Er ging mit einem Handkarren, vor den ein Hund gespannt war, zum Kohlenfeld.

Die Schneeverwehungen waren die verhältnismäßig kleineren Gefahren, die der Junge auf seinem Schulweg zu überwinden hatte. Gegenüber der kleinen jüdischen Schule in Langweiler war die Volksschule des Dorfes, in die auch die Kinder anderer Gemeinden gingen. Seitdem die jüdische Schule in Langweiler bestand, war es üblich, die jüdischen Jungen zu verhauen. Sie waren ja in der Minderheit. Der kleine Isaak besaß schon als Sechsjähriger ungewöhnlich viel Kraft. Schon bevor er zur Schule ging, erzählten ihm seine Spielkameraden von den Schlägereien. Auch er werde diese Schläge erhalten, wenn er zur Schule ginge. Isaak setzte sich in den Kopf, daß die Dinge sich ändern müßten.

Es war ein jährlicher Brauch, wenn die jüdischen Jungen neu in die Schule kamen, sie mit einer guten Tracht Prügel einzuführen, und Isaak sollte davon nicht ausgenommen sein. Zu seinem ersten Schultag erhielt er von seiner Mutter eine schöne, spitz zulaufende und bunt bemalte Frühstückstasche, die er mit einem Lederriemen über die Schulter hängen konnte. An einem klaren warmen Morgen kurz nach Ostern ging Isaak mit anderen kleinen Jungen und von seinen älteren Brüdern begleitet zum erstenmal zur Schule. Als sie ins Dorf kamen, waren die Jungen von der anderen Schule auf ihrem Schulhof, versuchten aber keinen Angriff, außer ein paar spöttischen und drohenden Bemerkungen. Sie hatten schon erfahren, daß Isaak härter als die meisten anderen jüdischen Jungen war, und hatten beschlossen, ihm kurz nach der Schule eine besondere Tracht Prügel zu geben. Nach Schulschluß war der Hof der Volksschule voller Kinder. Die wollten zusehen, wie zwei Zehnjährige, die auf Isaak warteten, ihn verprügelten. Der eine hatte sich mit einer Kuhkette bewaffnet. Als Isaak am Spielplatz vorbeikam, sprangen die beiden ihn an. Der eine sollte ihn so halten, daß der andere ihn mit der Kette schlagen konnte. Jedoch Isaak ergriff die Kette, bevor sie ihn berührte, und mit einem starken Ruck riß er sie dem Jungen aus der Hand. Er schlug mit der eroberten Waffe wild um sich und trieb die beiden schreienden Jungen die Straße hinunter. Der Lärm der schreienden Kinder lockte den Vater eines der Jungen auf die Straße. Als er sah, was passiert war, schrie er den Jungen zu, sie sollten Isaak ergreifen. Von der unerwarteten Hilfe angefeuert, wandten die beiden Jungen sich nochmals gegen Isaak und erwischten seine Frühstückstasche. Der schreiende, um sich schlagende Mann lief die Straße hinunter und jagte Isaak einen ordentlichen Schrecken ein. Dieser war entschlossen, seine neue Frühstückstasche nicht aufzugeben, an der die Burschen wie Kletten hingen. Er hielt die Tasche an dem Schulterriemen fest, und mit einem letzten verzweifelten Ruck schüttelte er die Jungen ab und erreichte die Felder, bevor seine Verfolger ihn einholten, und ging alleine nach Hause. Seit diesem Zwischenfall wurde Klein-Isaak für einige Tage von seinen Brüdern zur Schule begleitet. Aber sehr bald empfand er das als einen Schandfleck für seinen Stolz.

Als Isaak eine Zeitlang in der Schule war, begann sich das Bild des Spielplatzes vor der Volksschule zu ändern. Bald erkannte er, daß Angriff die beste Verteidigung sei. Er wurde zwar körperlich nicht mehr angegriffen, aber viele Jungen riefen von ihrem sicheren Schulhof beleidigende Ausdrücke hinüber, meist verbunden mit »ein Jude zu sein«. Das ging so lange, bis Isaak eines schönen Morgens geradewegs zu ihnen herüberkam und solche Schläge austeilte, daß sie schreiend in die Schule flohen. Aber Isaak ging ihnen nach. Das Klassenzimmer wurde ein Kampfplatz, und nur die Schelle zum Unterrichtsbeginn trieb Isaak aus der Klasse.

Von da an änderte sich alles gründlich. Morgens stellten die Jungen Wächter auf, und wenn Isaak näher kam, riefen sie: »Isaak kommt.« Der Hof leerte sich in Sekundenschnelle, bis Isaak in dem schmalen ummauerten Hof der Synagoge und Schule verschwunden war.

Isaak verbrachte seine Freizeit auf dem Hof, aber mehr noch auf den Wiesen. Er war von den Kühen, und im allgemeinen von Tieren fasziniert. Er konnte stundenlang im Stall sitzen und den Kühen zusehen, wie sie Heu kauten. Er saß dann auf der Futterkrippe, schaute der Reihe kauender Kühe zu, die sich hin und her bewegte und zufriedene Laute aus ihrem vollen Maul ausstießen. Isaak hatte die warme Ruhe des Kuhstalls gern. Im Alter von acht Jahren war er schon gewohnt, ein Kalb an einem kurzen Strick von und zur Weide zu führen.

Genauso oft lief er mit den Jungen des Dorfes herum, mit ihren Hunden durch die Felder, sprang über Gräben und kletterte auf Bäume. Isaak ging gerne in die Schule. Er hatte nie Zeit, seine Hausaufgaben zu machen und war trotzdem der beste Schüler.

Eines Tages kam ein armer Bauer aus der Nachbarschaft zu seinen Eltern. Isaak hörte, daß der Mann Geld leihen wollte, um seinen Sohn in die höhere Schule schicken zu können. Es war sein größter Wunsch, daß der Sohn Priester würde. Einige Zeit dachte Isaak über das Gespräch nach. Dann bat er seine Eltern, auch ihn in die höhere Schule zu schicken. So jung er auch war, man mußte ihm klarmachen, daß seine Eltern nicht genug Geld hätten, um ihm seinen Wunsch zu erfüllen. Mit Tränen in den Augen flehte er, statt in der Stadt zu wohnen oder mit der Bahn zu fahren, würde er jeden Tag die zwei Stunden zu Fuß zu der Schule gehen. Er würde im Haus und in der Metzgerei weiterhelfen, wenn er nur nach Eschweiler in die Schule gehen könnte. Aber alles Bitten war umsonst, er durfte nicht.

Er saß manchen Abend im Stall und beobachtete die Kühe. Wie zufrieden sie in dem dunklen Stall mit ihrer Nahrung waren. Sie wußten nichts über Geld und Schulen, sie wußten aber auch nicht, daß sie

eines Tages in seines Vaters Schlachthaus getötet würden, während er das Leben noch vor sich hatte. Vielleicht würde er einmal ein berühmter und reicher Mann.
Isaak war noch nicht 14 Jahre alt, als er die Schule in Langweiler verließ. Seine Eltern wollten ihm einen besseren Start ins Leben geben und sandten ihn als Lehrling in ein großes, alteingesessenes Tuchgeschäft nach Jülich. Kurz nach Pessach wurde der kleine, kräftige und gutgenährte Junge dem weitbekannten, strengen und barschen Mann vorgestellt, der während der nächsten drei Jahre sein Lehrer und Meister sein sollte. Das erste Mal in seinem Leben mußte Isaak Befehle von fremden Leuten annehmen, sich von jedem herumkommandieren lassen und all die unwichtigen und unangenehmen Arbeiten tun, die ein Lehrling in der langen ersten Zeit seiner Lehre zu leisten hat. Isaak haßte das vom ersten Tag an. Er wollte durchaus diese Arbeiten nicht ausführen und zeigte auch keine Unterwürfigkeit. Er war genau eine Woche im Geschäft, als sein Lehrherr, von der Halsstarrigkeit des Jungen in Wut versetzt, ihm eine harte Ohrfeige gab. Es war üblich, einen Lehrling so zu behandeln, und jedermann betrachtete es als zu den Lehrjahren gehörig. Aber Isaak ins Gesicht zu schlagen hieß für diesen, seinen Stolz über Gebühr verletzen. Er hatte kein Verständnis für die jahrhundertealte Tradition und gab deshalb seinem Meister einen solch heftigen Stoß in den Bauch, daß dieser sich an der Theke festhalten mußte. Es war das Letzte, was er von seinem Lehrling sah.
Isaak ging sofort nach Hause, und nachdem er erzählt hatte, was vorgefallen war, und daß er sich von niemandem schlagen ließe, versuchte er sein Glück als Viehhändler. Am selben Nachmittag ging er fort und kaufte eine trächtige Kuh unter der Bedingung, daß der Bauer Kuh und Kalb nach der Geburt in guter Verfassung zu liefern habe. Zu Hause war jeder über diese Vermessenheit verärgert. Diese Ansicht änderte sich eine Woche später, als Kuh und Kalb ankamen und es sich herausstellte, daß die Kuh besonders viel Milch gab. Durch diesen ersten Erfolg ermutigt, verbrachte Isaak seine ganze Zeit damit, Kühe zu kaufen und zu verkaufen. In den Jahren bevor er zum zweijährigen Militärdienst eingezogen wurde, hatte er schon viel zur Unterstützung der Familie beigetragen. Er war nicht nur in seinen Geschäften erfolgreich, er war auch bei den Bauern beliebt und hatte bald seinen eigenen Kundenkreis. Als er 17 Jahre war, kaufte er sich einen zweirädrigen Einspänner, nahm eines der Pferde vom Hof und fuhr

herum, um den Kundenkreis zu erweitern. Er mußte einen Kuhstall mieten, der zu Hause war nicht groß genug, um all die Kühe unterzubringen, die er ständig zu verkaufen hatte.
Isaak beendete eine Gewohnheit, die bei allen Bauern und Viehhändlern üblich war. Wenn sie eine Kuh verkaufen wollten, melkten sie sie morgens sehr früh. Wenn der Käufer dann abends sehen wollte, wieviel Milch die zu kaufende Kuh gab, war eine große Menge Milch vorhanden. Das gefiel dem Käufer, der dann später feststellte, daß das Tier bedeutend weniger Milch gab, wenn es zur regulären Zeit gemolken wurde. Isaak führte seine Tiere vor wie sie wirklich waren und gewann so das Vertrauen der Bauern, das er während seines ganzen Lebens genoß.
In diesen Jahren wurde Isaaks Vater sehr krank. Seine beiden Beine waren gelähmt. An den Rollstuhl gefesselt, mußte er alle Arbeit in der Metzgerei seinem Sohn Michael überlassen. Die schnelle Verbesserung des Geschäftes, das Isaak aufgebaut hatte, hielt nicht nur die Familie über Wasser, sondern erhöhte auch den Lebensstandard beträchtlich. Es war Isaaks Aufgabe, seinen Vater abends ins Schlafzimmer zu tragen. Obwohl er das Leiden seines Vaters kannte und wußte, daß es von der jahrzehntelangen schweren und nie unterbrochenen Arbeit herrührte, konnte er einen gewissen Stolz nicht verbergen, daß gerade er den Vater in seinen Armen hielt und ohne jede Anstrengung oder Beschwerden die steile Treppe hinauftrug. Isaak wachte peinlichst genau über diese Pflicht, und keiner seiner Brüder hätte gewagt, diese Ehre mit ihm zu teilen.
Isaak war ganz in sein Geschäft vertieft, und sein Erfolg ließ ihn manchmal vergessen, daß er einst mit ganzer Seele danach gestrebt hatte zu studieren. Er fand eine eigene Art, sich diesen Wunsch zu erfüllen. Mit seinen Bauern sprach er das übliche Platt, aber außerhalb des Geschäftes bemühte er sich sehr, nur Hochdeutsch zu sprechen. »Wie die Städter«, bemerkte Tante Rosal manchmal, denn sie sprach, wie ihre ganze Familie und die ganze »Herrschaft«, mit den anderen ein mit verderbtem Hebräisch vermischtes Deutsch. Durch sein Geschäft kam Isaak ziemlich regelmäßig in die Stadt. Er lernte bald die Vorteile dieses Lebens kennen, ohne jedoch vollständig davon erfaßt zu werden. Nach und nach änderte er die Art, sich zu kleiden. Er kaufte gute Anzüge, je nach Mode, und wurde bald als der bestgekleidete junge Mann im Dorf angesehen. Eigenartigerweise entfremdete

das seine bäuerlichen Kunden nicht. Sie schätzten ihn nur noch höher ein als viele seiner Kollegen.
1899 wurde Isaak zum zweijährigen Militärdienst einberufen. Der Vater starb gerade ein paar Wochen, bevor sein jüngster Sohn den für einen Juden nicht sehr angenehmen Dienst in der kaiserlich-deutschen Armee antreten mußte. Er hatte seine Einberufung schon in der Tasche, als sich ein Vorfall ereignete, der Isaak einen Vorgeschmack dessen gab, was ihn in seinem nächsten Beruf für Kaiser und Reich erwartete.
Isaak hatte einem Bauern eine Kuh verkauft, der als streitsüchtig und schwer zufriedenzustellen bekannt war. Als Isaak einige Tage später wie gewohnt nachfragte, ob er mit der Kuh zufrieden sei, antwortete der Bauer mit Flüchen und behauptete ganz einfach, Isaak habe ihn betrogen. Das Angebot, die Kuh zurückzunehmen, wurde nicht angenommen, aber der Bauer befahl, daß Isaak den Hof sofort zu verlassen habe. Isaak bezähmte sich und sagte nur, daß der Bauer sich glücklich schätzen könne, sich auf seinem eigenen Grund und Boden zu befinden, und ging. Isaak war keine hundert Meter gegangen, als der Bauer ihn überholte, und obwohl er ein Mann über 50 war, schlug er Isaak so heftig ins Gesicht, daß dieser sich kaum im Gleichgewicht halten konnte. Isaak hatte immer einen dünnen Stock bei sich, und damit schlug er dem Bauern auf den Kopf, ohne die Absicht, ihm wirklich weh zu tun. So sagte er auch später bei der Gerichtsverhandlung: »Letzten Endes war er soviel älter als ich.«
Nicht weit von dem Bauernhof entfernt war ein Gasthaus. Der Bauer ging, ohne ein Wort zu sagen, darauf zu. Isaak folgte ihm. Als der Bauer bemerkte, daß Isaak noch hinter ihm war, ließ er ihn vorbeigehn, bis er in der Wirtschaft verschwand.
Kaum saß Isaak bei einem Glas Bier, als der Bauer eintrat. 12 Arbeiter einer nahe gelegenen Mühle saßen nach der Arbeit auf ein Glas Bier hier zusammen. Es war offensichtlich, daß der Bauer das wußte. Er warf ein echtes Goldstück auf den Tisch, zeigte auf Isaak und brüllte außer sich: »Schlagt den Juden tot, er hat mich gehauen.« Einen Juden zu verhauen und dazu noch ein Goldstück zu erhalten, war wirklich ein Vergnügen. Der Bauer hatte das kaum ausgesprochen, als die Biergläser flogen und die Männer in vollem Schwung auf ihn zukamen. Dann aber ereignete sich etwas Ungewöhnliches. Isaak ergriff den großen Tisch in der Mitte des Raumes, hob ihn hoch über seinen Kopf

und schmetterte ihn mit einer solchen Wucht auf den Boden, daß alle vier Beine abbrachen. Mit einem derselben bewaffnet ging Isaak gegen die Männer vor. Er beachtete die Schläge, die er bekam, kaum. Seine Stirn blutete. Ein Bierglas hatte ihm eine tiefe Wunde in den Arm geschnitten. Seine Wut war außer Kontrolle. Diese Männer schlugen ihn nicht wegen eines Kuhhandels. Er wurde angegriffen, weil er ein Jude war. Einige der Männer verließen die Wirtschaft in panischer Angst. Isaak warf vier durch die geschlossenen Fenster auf die Straße. In fünf Minuten war der ganze Raum leer.
Inzwischen rief der Gastwirt die Polizei. Der Bauer, die Arbeiter, die noch in der Nähe waren, und Isaak wurden befragt. Der Schaden im Gasthof war groß. Kaum ein Glas war ganz. Stühle und Tische waren zerschlagen und die Fenster zerbrochen.
Kurz danach erhielt Isaak eine Vorladung zum Gericht. Er war angeklagt wegen schwerer Beschädigung fremden Eigentums, und der Bauer verklagte ihn außerdem wegen Körperverletzung. Der Bauer sagte unter Eid aus, daß Isaak ihn zuerst geschlagen habe und, um seinen Mißhandlungen zu entgehen, er die Männer um Hilfe gerufen habe. Einer der Männer sagte aus, daß dieser junge Mann, Isaak, sich in der Wirtschaft nicht wie ein Mensch, sondern wie ein wildes Tier benommen habe. Da Isaak schon seine Einberufung zum Militärdienst hatte, wurde er zu drei Monaten Militärarrest in der berüchtigten Festung Ehrenbreitstein am Rhein und zu 400 Goldmark Entschädigung verurteilt. Nachdem der Bauer vereidigt worden war, erhielt Isaak keine Erlaubnis mehr, auch unter Eid auszusagen. Ohne Bedauern und mit großem Stolz verbrachte Isaak die drei Monate in der Festung.
Einige Tage nach seiner Freilassung starb sein Vater, und er erhielt ein paar Wochen Urlaub vom Militärdienst. Die letzten Worte des Richters hatte er nicht vergessen. »Für einen jungen Mann wie Sie ist der Militärdienst sicherlich ein Segen. Er wird Sie Disziplin und Unterordnung lehren, die Tugend eines jeden deutschen Soldaten.« Isaak wußte, was in den nächsten zwei Jahren auf ihn zukam. Er würde alle Regeln und Verordnungen beachten, solange man ihn als Mensch respektieren würde. Aber er wußte aus mancher Leidensgeschichte auch, was es hieß, als Jude in der Armee des deutschen Kaisers zu dienen. Als Kind hatte er den Respekt vor den jüdischen Kindern im Dorf wiederhergestellt. Jetzt würde er für seine beleidigten und gede-

mütigten jüdischen Brüder mit seiner ganzen Kraft einstehen. Die Tatsache, daß er Jude war, würde er nicht verheimlichen. Er würde es jedem, der es hören wollte, offen sagen. Viele seiner Freunde versuchten halb scherzhaft, halb ernst, ihn zu warnen. Letzten Endes war er Jude, und für einen Juden war Militärdienst kein Zuckerschlecken. Isaak hörte zu und lächelte geringschätzig. Er war sich darüber klar, als er in den Zug stieg, der ihn mehr als 100 Kilometer von seiner Heimat wegbrachte.

Die ersten paar Wochen seines neuen Lebens waren verhältnismäßig ruhig. Isaak war ein gutaussehender junger Mann mit blonden Haaren und blauen Augen, stark und ausdauernd, alles Eigenschaften eines guten Soldaten. Seine Fähigkeiten auf dem Exerzierplatz zogen sehr bald die Aufmerksamkeit seiner Vorgesetzten auf sich. Er überflügelte die meisten seiner Kameraden im Exerzieren und besonders im Schießen. Im Bajonettfechten, einem wichtigen Teil des Trainings, war er schnell der erste seiner Kompanie.

Es wurde bald offensichtlich, daß dieser junge Jude eine ungewöhnliche Stärke besaß, und deshalb hielten viele ihren Mund, wenn auch nur aus Angst. Isaaks Fähigkeiten im Bajonettfechten waren so hervorragend, daß der Feldwebel eines Tages den Fechtmeister der Berufssoldaten mitbrachte. »Der wird ihm einmal zeigen, wie man ficht«, sagte der Feldwebel zu einem seiner Korporale. Der Mann kam. Vor der ganzen Kompanie begann er seinen Wettkampf mit Isaak. Das Fechten dauerte nur eine Minute, weil Isaak das Bajonett dem Meister zweimal aus den Händen schlug, und so endete das Duell.

In seinem Regiment gab es einen Brauch, der allen Neulingen ein Dorn im Auge war. Die Soldaten, die das erste Jahr dienten, wurden »Hammel« genannt, und die, welche schon im zweiten Jahr dienten, waren »die Alten«. Obwohl rangmäßig kein Unterschied zwischen ihnen bestand, verlangten »die Alten« von den »Hammeln« viel Respekt. Wenn einer der letzteren in ein Zimmer kam, in dem »die Alten« lagen, mußte der strammstehen und fragen: »Ich bitte um die Erlaubnis, eintreten zu dürfen.« Das war für Isaak zuviel.

Eines Tages wurde er mit einer Nachricht in das Zimmer der »Alten« geschickt. Er klopfte an die Tür, trat ein und fragte höflich, wo der Soldat XY sei, weil er eine Nachricht vom Sergeanten für ihn habe. Als Antwort kam ein Stuhl an Isaaks Kopf geflogen, aber er konnte sich rechtzeitig ducken. »Wir werden dich Judenschwein Umgangsformen lehren«, schrie einer der Männer wütend. Isaak ergriff einen anderen Stuhl und warf ihn nach dem Soldaten. Alle acht Mann im Raum kamen auf ihn zu, aber Isaak sprang hinter den großen Eisenofen in der Ecke, ergriff das Stocheisen und sagte mit unheimlich ruhiger Stimme: »Wer versucht, mich anzufassen, wird Grund haben, es zu bereuen.« Für einen Augenblick waren die Männer über soviel Unverschämtheit sprachlos.

Plötzlich ging die Tür auf, und der Korporal erschien auf der Schwelle. Er merkte sofort, daß hier dicke Luft war und befahl Isaak, das Zimmer zu verlassen.

Ein Freund sagte ihm beim Abendessen, daß er diese Nacht Besuch vom »Heiligen Geist« erhalten würde. »Dank dir sehr«, antwortete Isaak, »ich werde darauf vorbereitet sein.« Um Mitternacht öffnete sich leise die Tür des Zimmers, das er mit 24 Soldaten teilte, und etwa 10 Mann, nur mit Unterwäsche bekleidet, traten ein, einer hinter dem anderen, die Hände auf der Schulter des Vordermanns. Sie gingen geradewegs auf Isaaks Bett zu, welches in der Mitte war. Isaak gab vor, fest zu schlafen, und lag ganz ruhig, bis die Männer die Tür geschlossen und das Zimmer durchquert hatten. Als sie an seinem Bett waren, sprang er auf und ergriff den ersten Mann, der die anderen anführte. Es war derselbe Bursche, der ihn Judenschwein genannt hatte. Er schwang ihn hoch über seinen Kopf und warf ihn zu Boden. Die anderen hatten nicht das Verlangen, den Kampf fortzusetzen. Sie trugen den Kameraden fort und erstatteten am nächsten Tag Bericht, daß der Mann die Treppe heruntergefallen sei. Er lag fast eine Woche im Krankenrevier.

Nach dieser Nacht mußte Isaak oft in die Stuben der Alten gehen, ohne um die Erlaubnis zu fragen, eintreten zu dürfen. Andere folgten seinem Beispiel, und der Brauch wurde, wenigstens in seinem Regiment, bald ganz aufgegeben.

Von da an verlief Isaaks Soldatenzeit ohne weitere Zwischenfälle. Es gab noch drei andere Juden in seiner Kompanie, und bis zu Isaaks Entlassung wurden alle ohne Unterschied behandelt. Isaak gab sich keinen Illusionen über diesen anscheinend ruhigen Zustand hin. Er wußte, daß nur seine Kraft ihn davor bewahrte, daß er, wie jeder Jude, den üblichen Drangsalierungen ausgesetzt wurde, und daß er nur deshalb mit Respekt behandelt wurde. Von diesen zwei Jahren Militär-

dienst kam er mit einer tiefen Abneigung gegen die deutsche Armee und ihren Geist zurück. Zum Abschied erhielt er ein großes Bild vom deutschen Kaiser. Zwei Engel hielten eine goldene Krone über dessen Haupt. Im Hintergrund umgaben ihn Symbole und Bilder, den Kaiser, Macht und Stärke des deutschen Heeres darstellend.
Ich habe dieses Bild in seinem breiten Bronzerahmen häufig gesehen. Es stand in unserem Haus in einer Ecke auf dem Speicher, mit Spinnweben bedeckt. Unter den leuchtend bunten Dingen dieses Bildes stand in großen gotischen Buchstaben gedruckt: Zur Erinnerung an meinen Militärdienst.
Nachdem Isaak von seinem Dienst für den Kaiser heimgekehrt war, nahm er sein Geschäft wieder auf. Zu dieser Zeit beschloß er, das Haus in Hoengen zu verlassen. Seine Kunden waren die Großbauern rund um die Stadt, und so mietete er sich eine möblierte Wohnung. Das allein war schon revolutionär genug, aber bald erfuhr die »Herrschaft«, daß er neben dem Schlafzimmer auch noch einen Gesellschaftsraum hatte und daß beide Zimmer mit Teppichen ausgelegt waren.
Heim zu seiner Mutter kam Isaak nur an Wochenenden und nie mit leeren Händen. Sie brauchte vor Isaak kaum einen Wunsch auszusprechen, schon war er erfüllt. Er freute sich wie ein Kind über das Leuchten im Gesicht seiner Mutter, wenn er aus der Stadt Sachen mitbrachte, die im Dorf fast unbekannt waren.
Isaak hatte sich nun ein Zuchtpferd und einen neuen zweirädrigen Wagen gekauft. Wenn er kurz vor Sabbatanfang in seinen guten Kleidern zu Hause vorgefahren kam, schauten alle in der Straße ihm nach, und der Stolz seiner alten Mutter war grenzenlos. Die »Herrschaft« hatte bald für ihn einen Spitznamen, »Baron Ratzefill«, und trotzdem waren sie äußerst stolz auf diesen starken, gutaussehenden Mann, einen der unsrigen!
Mit 25 tat er etwas sehr Kühnes. Er kaufte sich einen Bauernhof, in dem er sein Vieh halten konnte. Der Hof lag in einem kleinen Ort in der Nähe von Hoengen, in Lürken. Seit diesem Kauf bestand die Feindschaft zwischen Isaak und dem »Schnubbeler«. Beide gehörten zur »Herrschaft«, aber sprachen seitdem nicht mehr miteinander.
Es war offensichtlich, daß viele Mädchen Isaak gerne zum Mann gehabt hätten, aber Isaak konzentrierte sich ganz auf sein Geschäft. Er ging tanzen, genoß den Karneval sehr, aber er wollte sich noch nicht

binden. Obwohl er in der Stadt allein lebte, gab er sich nicht den Vergnügungen des Stadtlebens hin, wie es ihm wohl möglich gewesen wäre.
Es war bekannt, daß er erst sehr spät nachts nach Hause kam. Er war aber nicht in Kabaretts oder Restaurants, sondern bei den Bauern. Er wußte, daß man die Bauern abends nach Feierabend am besten antreffen konnte. So verließ er ein entlegenes Dorf kurz vor Dunkelheit und fuhr stundenlang nachts heim. Diese Gewohnheit hielt er sein Leben lang bei.
Ich erinnere mich, daß er eines Abends kurz vor Sonnenuntergang zu Tante Rosals Haus kam, ich war sechs oder sieben Jahre alt. Nach einer ausgiebigen Mahlzeit versuchte Tante Rosal, ihn zu überreden, diese Nacht dort zu bleiben, es war lange nach 22 Uhr. Vater schaute aus dem Fenster. Es war Vollmond. »Schon gut«, grinste er, »es ist schön und hell draußen. Das Pferd ist ein Zauberer. Wir fahren nach Hause.«
Eines Tages schleppte ihn ein Freund, der für einen Tag in der Stadt war, zu einer zionistischen Versammlung mit. Zionismus war vor dem Ersten Weltkrieg bei vielen Juden der westlichen Länder unbeliebt. Sie brachten ihre ganze Energie auf, in die Völkergemeinschaft, in der sie lebten, aufgenommen zu werden, und viele wollten nicht daran erinnert werden, daß sie Juden waren. Isaak hatte diese Angst nicht, weder bewußt noch unbewußt. Er ging zu der Versammlung, hörte sich den Redner an und war im tiefsten Herzen gerührt. An diesem Abend beschloß er, Zionist zu werden. Er trug sich als Mitglied ein und träumte von nun an, seinen Bauernhof und seine Kühe im Land der Juden zu haben, wo er als freier Mann über seinen eigenen Grund und Boden gehen konnte. Jedoch sein Geschäft nahm ihn bald wieder so sehr in Anspruch, daß er zunächst den Zionismus vergaß.
Als Isaak ungefähr 30 Jahre alt war, beunruhigte ein Zwischenfall sein Leben. Er traf in der Stadt ein nichtjüdisches Mädchen von außergewöhnlicher Schönheit. Sie gingen einige Male zusammen aus und verliebten sich sehr ineinander. Isaak hatte immer von einem solchen Mädchen geträumt, und es wurde ihm klar, daß dies seine große Liebe war. Das Mädchen beantwortete diese Liebe von ganzem Herzen, und beide beschlossen zu heiraten.
Eines Abends fuhr Isaak heim zu seiner Mutter, um ihr seinen Entschluß mitzuteilen. Als er ihr gegenübersaß und sie mit ihren guten

Augen ihren Jungen ansah, hatte er fast Angst, davon zu sprechen. Nach und nach erzählte er ihr, was geschehen war und daß er sich entschlossen habe, dieses Mädchen zu heiraten. Tränen kamen der alten Frau in die Augen. Es war ein Kampf zwischen dem liebenden Mutterherzen und der Pflicht und Tradition des Weiterlebens ihres Volkes, den Juden.

Endlich sagte ihm die Mutter: »Solange ich lebe, wirst du kein nichtjüdisches Mädchen heiraten. Du magst 30 Jahre alt sein und ich eine alte Frau, du bist groß und stark und ich nur klein, aber mein Wille wird in diesem Haus und über jedes meiner Kinder herrschen, so lange ich atme, darüber gibt es keine Diskussion. Du wirst zu dem Mädchen gehen und ihm sagen, daß du es nicht heiraten kannst.« Die »kleine Mutter« wischte sich schnell über die Augen und fügte dann hinzu: »Geh jetzt in die Küche und sag Rosal, du möchtest dein Abendbrot haben. Du brauchst mit niemandem darüber zu sprechen.«

Der starke, unabhängige Mann ging in die Küche, setzte sich hin und verbarg seine Gefühle vor seinem Bruder und seinen Schwestern. Am nächsten Tag fuhr er in die Stadt und brachte seinem Mädchen die Nachricht. Ihre Eltern machten eine schreckliche Szene. »Wie konntest du überhaupt nur in Erwägung ziehen, einen Juden zu heiraten?«

Ein Jahr später starb das Mädchen.

Isaak ging weiter seinen Geschäften nach, und niemand erfuhr etwas über diese Angelegenheit, bis zu dem Tag, als ich eines Abends meinem Vater über eine eigene unglückliche Liebe erzählte.

Fast drei Jahre später heiratete eine ältere Schwester meines Vaters einen jüdischen Lehrer, der in dem berühmten Badeort Wiesbaden, den auch der Kaiser oft besuchte, lebte. Die Hochzeit fand dort statt, und mein Vater reiste mit einem Teil der Familie dorthin. Für die »kleine Mutter« war es schon unmöglich, bei der Hochzeit anwesend zu sein, und Tante Rosal weigerte sich einfach, das Haus für so lange Zeit allein zu lassen und fünf Stunden in einem D-Zug zu reisen. »Schau, all das Geld, was das kostet«, die Hochzeit könne auch ohne sie stattfinden, und sie schickte all ihren Segen mit. Isaak fuhr hin, 1. Klasse. Tante Rosal konnte nur den Kopf schütteln, »all das Geld hinauszuschmeißen«.

Bei dieser Hochzeit lernte Isaak eine sehr gut aussehende Dame kennen. Sie war so groß wie er und sehr schlank und hatte eine gute Figur,

eine richtige Stadtdame. Er tanzte bei der Hochzeit häufig mit ihr, und als er fortgehen mußte, stand für ihn fest, die oder keine. Isaak fing an, mit ihr zu korrespondieren.
Eines Tages kam Michael in die Stadt und ging zu Isaaks Kuhställen, die er in den Außenbezirken gemietet hatte. Die Familie war mißtrauisch geworden, weil Isaak an den letzten Wochenenden nicht zu Hause war. Seine Mutter ahnte, daß irgend etwas Wichtiges vor sich ging, ohne daß sie davon wußte. Michael fragte den Mann, der für Isaak arbeitete, wo sein Chef sei. »Mein Chef ist in der letzten Zeit viel mit der Eisenbahn gefahren«, antwortete dieser.
Die Familie wußte nun, wo Isaak sich aufhielt. Bald wußte sie auch, daß er zu heiraten gedachte. Eines Abends erklärte er seiner Mutter und seinen Geschwistern, daß er sich verlobt habe und seine Braut in einer der nächsten Wochen mit nach Hause bringen werde.
So kam Hedwig in das alte Haus nach Hoengen. Sie wurde sehr freundlich empfangen, aber vieles war sehr fremd für sie. Es war Freitagabend, und alle setzten sich zum Abendessen. Zuerst gab es Hühnersuppe und dann einen großen Teller voll Suppenfleisch. Danach kamen ein enorm großer Rinderbraten und noch zwei Hühner auf den Tisch. All das wurde mit viel Kartoffeln und Soße serviert, und zum Schluß gab es noch einen großen Makkaronipudding. Hedwig konnte über solche Esser nur staunen. Bis auf die Knochen wurde alles aufgegessen.
Als Hedwig einmal nach oben ging, wurde sie ungewollt Zeugin einer Unterhaltung, die in der Küche stattfand. »Das Mädchen ist nichts für dich, Isaak, ja, sie ist sehr nett, aber eine richtige Stadtdame. Sie ist viel zu schwach für das Leben auf einem Bauernhof. Sie ist für dich nicht die Richtige. Du mußt die Verlobung auflösen.« Viele Stimmen sprachen durcheinander, und Hedwig hätte am liebsten geweint. Was sollte das? War sie deshalb nach Hoengen gekommen, um all das zu hören?
Da kam Isaak plötzlich die Treppe herauf und nahm seine junge Braut bei der Hand und führte sie behutsam hinunter. Er trat mit ihr in die Mitte der Küche und erklärte mit fester Stimme: »Ihr könnt sagen, was ihr wollt, sie wird meine Frau. So ist es entschieden, und so wird es sein.«
Isaak heiratete Hedwig 1911. Er kaufte mitten in der Stadt Aachen ein großes, dreistöckiges Haus. Ein großer Arbeitsraum hinter dem Haus

wurde in einen Kuhstall umgebaut, und aus dem ummauerten Garten wurde ein Hühnerhof. Seine drei Kinder wurden dort geboren. Ich erinnere mich noch an dieses Haus in der Nähe des Hauptbahnhofs. Wir gingen in den Keller, wenn 1918 Flugzeuge von der Front aus Frankreich und Belgien herüberflogen.

Mein Vater war im Ersten Weltkrieg eine Zeitlang Soldat. Viel später erfuhr ich, daß er sich fast geweigert hatte, an die Front zu gehen. Erst als er zwei Männer aus Elsaß-Lothringen, die wegen Militärdienstverweigerung im Gefängnis saßen, gesehen hatte, änderte er seine Meinung. Diese beiden Männer waren zu Skeletten abgemagert, und mein Vater mußte sie für die Front einkleiden. Er war damals Korporal und erfuhr, daß seine Beförderung zum Sergeanten abgelehnt wurde, weil er Jude war. Ab und zu war er an der Front. Es war keine Angst, daß er an dem Krieg nicht aktiv teilnehmen wollte; er war Jude, und er hatte die Schikanen seiner Militärdienstzeit noch nicht vergessen. Er haßte den Kaiser und alles, was ihn betraf.

Gegen Ende des Krieges wäre er fast vor ein Militärgericht gekommen. Er war abkommandiert, russische Gefangene zu beaufsichtigen. Einige dieser Gefangenen mußten einen Güterwagen mit Brot entladen. Er hatte früher gesehen, wie russische Gefangene wie Vieh Gras von der Wiese gegessen hatten. Diese Menschen waren fast verhungert. Ein Russe nahm einen Laib Brot und versteckte ihn unter seinem Rock. Ein deutscher Offizier sah es, schlug den Mann zu Boden und fing an, ihn heftig zu treten. Das war für meinen Vater zuviel. Er sprang auf den Offizier zu und schlug ihn so, daß er das Bewußtsein verlor. All das ereignete sich 1918, kurz vor Ende des Krieges. Vielleicht war das der Grund, daß er nicht mehr bestraft wurde.

Im Jahre 1920, ich war damals fünf Jahre alt, gefiel meinem Vater das Haus in der Stadtmitte nicht mehr. Er sehnte sich nach einem wirklichen Bauernhof, wo er von Wiesen und Vieh umgeben war. Er wußte jedoch, daß meine Mutter lieber in der Stadt leben wollte. Daher schlossen sie einen Kompromiß. Vater kaufte einen Hof in einem Außenbezirk von Aachen. Zum Zentrum der Stadt war es eine halbe Stunde Fußweg. Zu dem Hof gehörte ein altes, verfallenes Haus, und Vater sparte weder Geld noch Mühe, es in eine bequeme Wohnung umzuwandeln. Hier wuchs ich auf, und ich erinnere mich, daß die Kinder der Umgebung uns Steine nachwarfen und uns »dreckige Juden« nachriefen. Ich verstand nicht, warum wir dreckig sein sollten, während ich nur sah, daß wir viel sauberer gehalten wurden als die meisten der Jungen und Mädchen unserer Nachbarschaft. Diese Vorfälle hörten bald auf, weil Vater die Kinder bis in ihre Häuser verfolgte und ihnen, selbst im Beisein der Eltern, eine ordentliche Tracht Prügel gab. Wir waren noch nicht lange in dem Haus, als es plötzlich viel Geld gab, aber man mußte alles dem Schaffner der Straßenbahn geben, um eine Fahrkarte zu kaufen. Wenn Mutter uns zum Bäcker schickte, um Brötchen oder Brot zu holen, hatten wir unsere kleinen Hände voll mit Geldscheinen.

In dieser Zeit plünderten die hungernden Menschen in ihrer Not die Geschäfte. Gegenüber unserem Haus standen Leute vor einem Schuhgeschäft und warteten darauf, daß die Rolläden hochgezogen wurden und sie dort einbrechen konnten, um sich mit Schuhen und schweren Stiefeln wieder davonzumachen.

Kurze Zeit darauf kam die Menge wieder in unsere Straße, und man konnte die Aufforderung hören: »Jetzt gehen wir zu dem Juden und nehmen uns seine Milch und seine Hühner.« Vater saß mit einer Eisenstange bewaffnet hinter dem verschlossenen Tor und wartete auf die Menge, die alles, was er besaß, rauben wollte, aber niemand kam. Diese Ereignisse haben sich mir tief eingeprägt.

Inflation und Bürgerkrieg gingen vorbei. Wir Kinder verstanden die furchtbare Bedeutung für die Zukunft noch nicht. Manchmal konnten wir nicht zur Schule gehen, hatten also viel Zeit, Wiesen und Felder zu durchstreifen und Sitze in Bäumen zu fertigen und zwischen Hekken und kleinen Hügeln Indianer zu spielen. Ich hörte meine Eltern oft über die schweren Zeiten, Mangel an Nahrungsmitteln und hungernde Menschen sprechen und wunderte mich darüber, daß ich noch Suppe und ein Ei zu essen hatte.

Meine Onkel aus dem Dorf kamen manchmal, und dann wurde über Politik diskutiert. Ich hörte zu, verstand nichts davon und wunderte mich nur, daß die Zeiten so gefährlich und fürchterlich sein sollten. Wie konnte uns etwas passieren, wo doch Männer wie Onkel Hermann und Onkel Michael, mein Vater und noch mehr zusammen waren? Von ihnen allen strahlte Sicherheit und Schutz aus.

Die Lage beruhigte sich später wieder. Geld hatte wieder seinen Wert, und Vater war sehr beschäftigt. Wie oft hörte ich jetzt meine Mutter

sich beklagen, daß er von seinen Fahrten über Land so spät nach Hause kam. Es war schon längst dunkel, wenn ich die schweren Schritte der Arbeiter hörte, die das Tor öffneten, und Hufe und Räder über die Pflastersteine des Hofes dröhnten.
In den Jahren vor 1914, als mein Vater allein in der Stadt wohnte und von der Familie in Hoengen entfernt war, wurde seine religiöse Einstellung etwas lax. Er fuhr samstags mit der Straßenbahn und war selbst nicht zu streng in der Beachtung der Speisegesetze für die Juden. Er betete auch nicht mehr regelmäßig.
Meine Mutter kam aus einer streng orthodoxen Familie und gab sich die größte Mühe, unseren Haushalt bis in die kleinsten Details eines frommen jüdischen Heimes zu führen. Der sanfte, aber doch bestimmende Einfluß meiner Mutter auf meinen Vater ließ ihn nur selten und dann mit offensichtlich schlechtem Gewissen die Regeln übertreten, die durch das jüdische Gesetz festgelegt waren.
Vater kam manchmal am Freitagabend spät, um den Eingang des Sabbats zu feiern. Ich stand draußen vor der Einfahrt und hielt Ausschau, ob ich Vaters galoppierende Pferde vor seinem zweirädrigen Wagen schon wahrnehmen konnte. Ich wußte, wie gerne meine Mutter ihn am Freitagabend früh zu Hause gehabt hätte. Er kam dann so schnell, wie die Pferde es schafften, in den Hof. Die Federn des staubigen Wagens quietschten unter seinem Gewicht, wenn er ausstieg, und er verschwand schnell im Haus. Mit schlechtem Gewissen entschuldigte er sich für seine Verspätung bei der Mutter.
Die nun folgende Freitagabendfeier war das glücklichste, friedlichste Erlebnis meiner Kindheit. Eine feierliche Atmosphäre lag über dem Raum. Der Tisch war mit dem feinsten weißen Tischtuch und dem Porzellan, was nur an Sabbat- und Feiertagen gebraucht wurde, gedeckt. Zwei Kerzen wurden auf einem kleinen Tischchen angezündet. Mutter stand, die Augen mit den Händen bedeckt, und sprach den Segensspruch über die Sabbatlichter. Vater las die Gebete und Gesänge mit seiner starken, sonoren Stimme. Ich empfand immer, daß das Zimmer für Vaters Stimme zu klein war, wenn er zu Ehren des Sabbats sang. Nach den Gebeten traten wir Kinder erst zum Vater und dann zur Mutter, um ihren Segen zu empfangen. Ich fühle noch Vaters starke Hände auf meinem Kopf, und daß Gott mich wie Ephraim und Menasse möge werden lassen. Seine Worte besiegelte er mit einem Kuß. Wir Kinder traten dann zur Mutter, die mit ihren

zarten Händen den Segen vervollständigte. Das Abendessen war ausgezeichnet, und nach dem Pudding gab es noch Obst, Schokolade und mehrere Sorten Nüsse. Danach sprach Vater das Tischgebet.
An solchen Abenden erzählte er uns viele Geschichten aus seiner Jugendzeit, über seine Eltern und über die alten Leute im Dorf. Müde und glücklich fiel ich in mein großes, weiches Bett, im Winter unter ein schweres Daunenplumeau, das Herz voller Freude und Zufriedenheit. Die Gesänge des Abends begleiteten mich in den Schlaf.
All das wurde am ersten und zweiten Pessachabend bei weitem übertroffen, die Abende, an denen man die Erinnerung an den Auszug aus Ägypten feiert. An solchen Abenden war der Tisch im großen Eßzimmer gedeckt, in dem sich die schweren Lederstühle und der holländische Kamin befanden. Auf einer großen verzierten Schüssel lagen vor meines Vaters Platz alle Symbole der Geschichte der Kinder Israel in Ägypten. Vater zeigte uns das ungesäuerte Brot, das Brot der Armen, welches unsere Väter in Ägypten aßen, und den süßen Obstbrei, der wie Mörtel aussah, um uns an die harte Sklavenarbeit unserer Vorfahren zu erinnern, als sie die Vorratskammern für den mächtigen Pharao bauen mußten. Er erklärte uns auch die anderen Symbole, die uns an die Opfer im Tempel von Jerusalem erinnern sollten, als die Juden dort als freies Volk in ihrem eigenen Land des Auszugs aus Ägypten gedachten. Vater las nicht nur das für diese Abende bestimmte hebräische Buch, er sang es auch. Als er zu der Stelle kam, wo die Kinder Israels zu Gott um Hilfe und Befreiung vom Leben als Sklaven riefen, zitterte auch meines Vaters Stimme. Auch er schrie zu Gott, wie Tausende Jahre vorher seine Väter, und meine Augen füllten sich mit Tränen. »Und Gott führte sein Volk fort von den Leiden in Ägypten mit starker Hand und ausgestrecktem Arm. Nicht durch seinen Engel und nicht durch einen Boten. Er, Gott selbst, führte sein Volk fort aus Ägypten.« Vaters Stimme stieg laut an, sein Antlitz strahlte Zuversicht und unendliches Vertrauen aus, welches er in seinen Gott hatte.
Im zweiten Teil des Abends sangen wir alle die alten, traditionellen Gesänge, Lieder von der Hilfe und Führung Gottes für sein Volk. »Danket Gott, denn er ist gut, und seine Güte währet ewiglich.« Und die Stimme meines Vaters war voll Vertrauen auf die sichere, baldige Erlösung des jüdischen Volkes, wenn er die rhythmischen Verse wiederholte: »Gott erschuf dich, Gott erschuf dich, du baue sein Haus

bald.« Er stand auf, ein Glas Wein aus Palästina in der Hand und rief aus vollem Herzen: »Nächstes Jahr in Jerusalem!« Nachdem er das letzte Glas Wein der vier, die in dieser Nacht getrunken werden mußten, geleert hatte, erschienen die Worte, die er gerade ausgesprochen hatte, echt, da seine Sehnsucht durch seinen Glauben gesteigert wurde. Er wollte nächstes Jahr in Jerusalem sein.

Ein paar Jahre nachdem wir auf den Bauernhof gezogen waren, erweiterte mein Vater sein Geschäft so, daß er sich ein Auto kaufen mußte. Der Kreis seiner Kunden wuchs ständig, und er war als der erfolgreichste Viehhändler der Gegend bekannt. Aber er hatte nie eine moderne kaufmännische Ausbildung gehabt. Er baute einen neuen Kuhstall, und der Hof wurde mit glatten Steinen gepflastert. Er stellte sogar einen Buchhalter ein. Aber das Verhältnis zwischen ihm und den Bauern blieb unverändert. Die Bauern kamen, um Kühe zu kaufen. Wenn sie nicht sofort alles bezahlen konnten, gab Vater ihnen die Kühe ohne Bürgschaft. Das Wort eines Mannes ist für mich gut genug, pflegte er zu sagen.

Nachdem sein Geschäft hinreichend gesichert war, war es sein Wunsch, armen Bauern zu helfen, sich selbst einen Hof zu kaufen. Freunde und Verwandte drängten ihn, vorsichtiger bei seinen Geschäften zu sein, aber seine Antwort war stets: »Handel zwischen Bauern war immer eine Sache des Vertrauens und Glaubens, und so wird es bleiben.«

Nach ein paar Jahren kamen die meisten ärmeren Bauern zu meinem Vater und machten gerne von der Gefälligkeit und der Gelegenheit Gebrauch, die sich ihnen bot. Vater glaubte felsenfest an die Rechtschaffenheit der Landbewohner. Er war überzeugt, daß sie ihre Schulden bezahlen würden, sobald die Ernte eingefahren war und sie den Gewinn aus den Tieren gezogen hätten, den sie nicht zu bezahlen brauchten.

So nahm er einen großen Kredit bei einer Bank auf, um sein Geschäft zu erweitern. Zunächst bezahlten die Bauern ihre Schulden zur festgesetzten Zeit oder wenigstens einen Teil davon. Aber bald verlangsamten manche die Zahlungen und fanden Entschuldigungen dafür. Mit unendlicher Geduld und viel Taktgefühl sprach Vater zu ihnen und versuchte sie zu überzeugen, daß sie sich unmoralisch verhielten. Ein Bauer kaufte einmal 10 Kühe mit dem Versprechen, sie nach kurzer Zeit zu bezahlen. Er war ziemlich wohlhabend. Die Zeit verstrich,

ohne daß er bezahlte. Er versuchte aber, Entschuldigungen vorzubringen wie: Die Kühe seien nicht so gut wie sie hätten sein sollen, ein anderer Bauer habe ihm seine Schulden noch nicht gezahlt usw. Jedenfalls, mein Vater mußte warten.
Nach einiger Zeit verlangte mein Vater entweder sein Geld oder seine Kühe zurück. Aber der Mann wurde streitsüchtig, drohte meines Vaters Namen in der ganzen Gegend schlechtzumachen und erwähnte sogar die damals schon sehr große antisemitische Partei.
Dieser Bauer hatte einen Bruder, der Pfarrer war. Eines Abends ging mein Vater zu diesem Pfarrer, erzählte ihm die ganze Geschichte und bat um seine Hilfe. Er meinte, kein wirklicher Christ könne so unehrlich sein. Nach kurzer Zeit kam der Bauer zu meinem Vater, bezahlte einen Teil des Geldes und nach mehr als zwei Jahren die ganze Summe. Mein Vater war danach wieder einmal überzeugt, daß Vertrauen und Glauben stärker waren als »Geschäft ist Geschäft«.
Die Zeit zwischen 1925 und 1928 war verhältnismäßig ruhig und erfolgreich. Alles lief gut, und Vater dachte, daß seine Meinung letzten Endes doch die richtige sei. Die Bank gab leicht Kredit, die Bauern kauften viele Kühe und bezahlten pünktlich die Zinsen, die er der Bank zu zahlen hatte. Es wäre ihm jederzeit ein Leichtes gewesen, die ganze Summe, die er geborgt hatte, zurückzuzahlen. Aber zu dieser Zeit hatte er dazu keine Veranlassung. Er glaubte, daß in ein paar Jahren sein Geschäft so gut sein würde, daß er kein weiteres Darlehen mehr nötig haben, sondern aus seinem Geschäft Geld auf die Seite würde legen können.
Wir lebten gut, aber nicht luxuriös. Das Haus war besser möbliert als vorher. Vater kaufte einen größeren Wagen und hielt sich einen Chauffeur. Er mußte mehr Arbeiter einstellen, denn es waren mehr als 50 Kühe auf unseren Höfen, abgesehen von dem anderen Vieh. Der zweite Hof wurde von einem Verwalter beaufsichtigt. Der Wagen war morgens, wenn wir zur Schule gingen, noch zu Hause. Aber es wäre nie in Frage gekommen, daß man uns zur Schule gefahren hätte. Vater meinte, daß so etwas Angeberei sei und die anderen Schüler dadurch nur beschämt oder eifersüchtig würden. Außerdem sei es eine Verschwendung von Geld und Benzin. Der Wagen sei nicht zum Vergnügen da.
In all diesen Jahren hatte mein Vater auch nicht einen Tag Urlaub. Meine Mutter besuchte häufig ihre Familie in ihrer Heimat. Wir Kin-

der durften während der Ferien, die wir nicht nötig hatten, fortfahren, aber Vater fuhr nie mit. Wenn ein Familienfest war, nahm Vater sich von Freitag bis Sonntag frei. Sonntagnacht fuhr er wieder heim. In dieser Beziehung ist er wie Tante Rosal, hieß es in der Familie.
In der Tat war er während der ganzen Woche sehr beschäftigt und kam erst spät am Abend zurück. Nur am Sabbat war er zu Hause und erfreute sich der Ruhe in seinem eigenen, gemütlichen Heim. Weder Theater noch Kino vermißte er. Letzteres verachtete er sogar gründlich. Gelegentlich begleitete er Mutter ins Theater. Meistens kam er jedoch zu spät nach Hause.
Wenn meine Mutter ein paar Tage verreist war, war Vater wie ein verlorenes Kind. Er war verdrießlich und gelangweilt. »Der Sonnenschein ist nicht da«, pflegte er dann zu sagen. Sein Gesicht strahlte wie das eines Kindes, wenn seine schlanke, gutaussehende und gutgekleidete Frau ins Zimmer trat. Er liebte sie sehr. Sonntags fuhr er nach Hoengen und von da auf seinen zweiten Hof. Für ihn war es einer der glücklichsten Augenblicke, wenn er mit meiner Mutter aus dem Wagen stieg, um mit ihr zusammen durch die Wiesen zu gehen und den Viehbestand zu besichtigen, der schwere, starke Mann auf einen festen Spazierstock gestützt und neben ihm meine Mutter, schlank und zierlich. Die ganze Gegend nannte ihn »Herr«, und in solchen Momenten war er es auch wirklich. Er zeigte mit dem Stock in die Richtung auf die besten und wertvollsten Tiere. Wenn er eines erwischte, hielt er es an der Nase, drehte den Kopf des Tieres herum, als ob es ein Lamm wäre, und betrachtete es. Danach fuhr er zurück nach Hoengen, und oft genug nahmen wir unseren Tee in Tante Rosals Haus. Wir Kinder zogen vor, zu Elkans oder Kellers zu gehen, den beiden Familien, wo viele Kinder waren. Und überall gab es eine Menge Kuchen.
Am Samstagabend stand Vater manchmal an der Tür des Kuhstalls, auf seinen Stock gestützt, und beobachtete die Kühe, die zum Melken zurückkamen. Die plumpen, schweren, schwarzweißen Holländer kamen eine nach der anderen an ihm vorbei und trotteten in den Stall. Und während die Männer die Kühe molken, ging er in den Obstgarten und sah sich die Obstbäume an, die er gepflanzt hatte. Er stand dann einen Augenblick still, schaute über den Hof und das ihm gehörende Land, in einer für ihn typischen Haltung, die eine Hand auf dem Stock, die andere im Rücken. Er war dann glücklich. Er hatte er-

reicht, was er wollte. Die untergehende Sonne mahnte ihn, ins Haus zurückzugehen, um die Gebete für den Sabbatausgang zu sagen, für die nächste Woche und die Arbeit.
Die Wirtschaftskrise erreichte 1932 ihren Höhepunkt. Die Bank forderte alles geliehene Geld auf einmal zurück. Das hatte mein Vater nicht vorausgesehen. Jetzt mußte er alles ihm zustehende Geld von so vielen Bauern zurückfordern, aber keiner wollte bezahlen. Sie verschanzten sich hinter alten und neuen Gesetzen. Viele von ihnen hatten inzwischen ihre Höfe und alles, was sie besaßen, auf den Namen ihrer Frauen umschreiben lassen. Viele hatten schon die Kühe, die sie noch nicht bezahlt hatten, weiterverkauft und gaben an, daß die Tiere nicht gut waren oder krank geworden seien, aber die meisten drohten Vater mit der anwachsenden Macht der NSDAP.
Vater kämpfte wie ein Löwe, um seinen Hof zu retten, aber er mußte den einen Hof in Lürken verkaufen, um die Bank zufriedenzustellen. In dieser Zeit der Wirtschaftskrise gab es keine sehr interessierten Käufer. Er mußte sehr billig verkaufen, konnte aber den anderen Hof und unser Haus noch retten. Zuletzt zahlten einige Bauern sogar noch einen Teil ihrer Schulden, jedoch verlor mein Vater mehr als die Hälfte des ihm geschuldeten Geldes. Seine Meinung von »Vertrauen und Glauben« und »das Wort eines Mannes« schwankte, aber er verlor den Mut nicht. Er arbeitete und kämpfte weiter.
Am Ende des Jahres 1932 war er sicher, alles, was er verloren hatte, zurückgewinnen zu können. Da kam Hitler an die Macht. Langsam, aber sicher wurde sein Wirkungskreis eingeengt. Beschränkung auf Beschränkung wurde seiner Arbeit auferlegt. Jetzt wurde er der »Jude«, der das Geld des ehrlichen deutschen Bauern haben wollte. Es wurde so einfach gemacht, ihn nicht mehr zu bezahlen. Es war eine Tugend, vom Staat gepriesen, den Juden zu betrügen und ihm das Geschuldete vorzuenthalten.
Nach und nach mußte er Teile seines Hofes, unser Heim, verkaufen. Er kämpfte um jedes Stück Boden. Es dauerte sehr lange, bis die maßlose Brutalität des neuen Regimes seinen Willen zu widerstehen brechen konnte.
Ein Bauer, der viele Kühe von meinem Vater gekauft hatte, ohne für sie zu zahlen, wurde Führer der NS-Bauernschaft. Es war kurz nach 1933. Mein Vater besaß noch seinen Wagen und traf den Bauern in Parteiuniform, als er mit zwei anderen sprach. Mein Vater hielt an,

sprach mit den beiden Bauern, ohne auch nur einen Blick auf den Uniformierten zu werfen. Verärgert wandte dieser sich meinem Vater zu und schrie ihn an in vollem Vertrauen auf seine neuerworbene Stellung: »Ich wünschte, du würdest aus deinem Wagen aussteigen. Dann würde ich es dir, Jude, zeigen.« Mit einem Schwung öffnete Vater die Tür des Wagens, wandte sich an ihn und antwortete: »Du bist jetzt vielleicht ein Nazi, hast nicht bezahlt, was du schuldest, wie jeder, der sein Wort gab, es tun würde. Aber wenn du noch ein Wort mehr sagst, schlag ich dich trotz deiner Uniform nieder.« »Laß den Juden in Ruhe, du wirst es sonst bereuen«, warnten die beiden anderen. Das war das letzte Mal, daß mein Vater den Judenhassern eine Lektion erteilen konnte, welche er für die einzig erfolgreiche hielt.

Seit Jahren war es der Wunsch meines Vaters, daß sein Sohn eines Tages sein Geschäft und seinen Hof übernehmen würde. Er war oft unzufrieden, daß ich nur wenig Interesse an dieser Arbeit hatte. Jetzt aber träumte er von einer Übersiedlung mit seiner Familie nach Palästina, um dort einen Bauernhof zu haben, einen Hof, den sein Sohn sicherlich übernehmen würde.

In diesen traurigen Jahren machte ich eine Reise nach Palästina. Nach meiner Rückkehr berichtete ich meinem Vater bis ins kleinste Detail, was ich dort gesehen hatte. Das gab ihm neue Hoffnung und Stärke. Er war ein Mann von fast 60 Jahren, bereit, noch einmal von vorne anzufangen, ein primitives Leben zu führen und dabei glücklich zu sein. »Ich bin noch kräftig genug«, sagte er mit Vertrauen, »wenn nur Gott hilft, daß ich hinkomme.«

Kurz nach meiner Rückkehr aus Palästina hielt ich vor einer recht großen Zuhörerschaft in Köln einen Vortrag über meine Eindrücke. In dieser Zeit verließ Vater kaum Haus und Hof. »Ich kann die Gesichter dieser Nazis nicht ausstehen. Selbst wenn sie mir auf der Straße begegnen, ekeln sie mich an«, sagte er. An diesem Abend aber fuhr er mit dem Zug nach Köln.

Der Vortrag war erfolgreich. Während der ganzen Zeit, in der ich sprach, sah ich nicht die Zuhörer, ich sah nur das Gesicht meines Vaters. Er saß in der ersten Reihe und sah mich an. Es war, als ob sich neues Leben, Hoffnung, Stärke und neuer Lebensmut der palästinensischen Juden auf ihn übertragen hätten und in seinem Gesichtsausdruck widerspiegelten. Von seinem ganzen Wesen strahlte eine vollkommene Glückseligkeit aus. Applaus und Dank waren mir gleich-

gültig. Ich sah nur die große Zufriedenheit auf dem Gesicht meines Vaters. So sah ich es nie mehr wieder.
Im Gegensatz dazu sehe ich meinen Vater im Jahre 1938, ein alter und gebrochener Mann. Im Stall standen nur noch zwei Kühe. Sein Wagen war längst verkauft. Er hatte nicht mal mehr ein Pferd. »Ich brauche es nicht mehr«, sagte er an dem Abend, an dem er das letzte Zuchtpferd, das er seit vielen Jahren besaß, verkauft hatte. Unser Zuhause, der Bauernhof, auf dem die Eltern noch lebten, wurde für einen Bruchteil seines Wertes verkauft. Vaters Haar war fast weiß. Es zeigte nur noch Spuren seiner blonden Farbe.
Ein alter Mann, schwer auf seinen Stock gestützt, sah sich eine der Stürmerzeitungen an, die weitverbreitet in den Straßen aufgeklebt waren. Schreckliche Karikaturen von Juden mit häßlichen Gesichtern wurden da gezeigt. Die Leute standen herum, sahen sich diese Karikaturen an, lasen die schmutzigen Geschichten, grinsten und rissen Witze. Der alte Mann, mein Vater, drehte sich mit einem traurigen und leidvollen Gesicht um und sagte ruhig, aber mit einer von Schmerz und Wut zitternden Stimme: »Sehe ich so aus? Ich bin ein Jude.«
Während ich diese Zeilen schreibe, weiß ich nicht, was aus meinen Eltern geworden ist. Alles, was ich weiß, ist, daß sie 1941 nach Polen deportiert wurden. Seitdem habe ich nichts mehr von ihnen oder über sie gehört, und es besteht kaum Hoffnung, daß dieser stolze, starke Mann und diese feine, gütige Frau, die er so sehr liebte, noch leben. Es wäre eine Chance von 1 zu 1000000, daß sie überlebt haben. Der größte Wunsch meines Vaters, als freier Mann und Bauer in Palästina zu leben, hat sich nie erfüllt. Aber ich weiß, mit Kummer im Herzen und Tränen in den Augen, daß er bis zuletzt als ein starker, stolzer und gütiger Mann gelebt hat, mit seiner langen Tradition als Kämpfer für das Judentum in seiner eigenen Art, als »Herrschaft«.

7. Kapitel

Der Versöhnungstag

An diesem klaren, sonnigen Septembertag war in unserem Haus fieberhafte Tätigkeit. Es war der Tag vor dem Sabbat aller Sabbate, der Tag, den morgigen Versöhnungstag vorzubereiten. Schon am Tag vorher war Vater bis spät in die Nacht auf, um Hühner und Fleisch vorzubereiten. Aus der Küche kam jetzt ein herrlicher Duft von gebratenen Hühnern, Fleisch, gebackenem Kuchen und Plätzchen, der bis in die entlegensten Zimmer drang. Am Vorbereitungstag verließ Vater das Haus nicht, sondern verwandte lange Zeit auf Baden und Anziehen. Wir Kinder widerstanden der Versuchung, den Gerüchen aus der Küche zu folgen, wo Mutter und Magd mit erhitzten Gesichtern fleißig arbeiteten und keine von beiden über unseren Besuch sehr erfreut war. Deshalb verschwanden wir eines nach dem anderen ins Bad und zogen dann unsere allerbesten Kleider an. Um 13 Uhr mußte die ganze Familie zum ersten Festmahl fertig sein. Meine Mutter pflegte zu sagen, selbst der Tag vor dem Versöhnungstag ist ein heiliger Tag. Die Art, wie man sich auf diesen Tag vorbereitet, zeigt, in welchem Geist man den höchsten Feiertag beginnen will.

In Aachen gab es eine große Synagoge. Aber soweit ich mich erinnern kann, war ich am Versöhnungstag nie dort. Jahr für Jahr fuhren meine Eltern und wir Kinder nach Hoengen. Dort kam die ganze »Herrschaft« zusammen und beging diesen Feiertag in der Synagoge von Langweiler.

Pünktlich um 13 Uhr saß die Familie um den festlich gedeckten Tisch. Danach durften wir Kinder nicht mehr aus dem Haus, aus Angst, wir würden unsere Kleider schmutzig machen und kämen zur letzten Mahlzeit um 15 Uhr zu spät.

Zwischen den beiden Mahlzeiten suchte Vater die richtigen Gebetbücher für den nächsten Tag aus und schaute aufmerksam sein weißes Gewand an, welches er am heiligsten Feiertag in der Synagoge tragen wollte. Dieses Gewand, welches er wie alle frommen Juden am Versöhnungstag trug, würde auch sein Totenhemd sein. Mutter war oben beschäftigt. Sie packte die Dinge, die wir für die Übernachtung in Hoengen nötig hatten. Sie legte mit großer Sorgfalt die Gebetbücher und zuletzt Vaters weißes Gewand dazu. Nur verheirateten Männern war es erlaubt, dieses Gewand an diesem Tag zu tragen. Nur sie sind vollwertige Mitglieder der Gemeinde, die ihren Gott um Vergebung ihrer Sünden anfleht. Vater las die Gebete des morgigen Tages durch und summte die Prophetenworte vor sich hin, da es möglich war, daß er aufgerufen wurde, sie in der Gemeinde vorzulesen.

Punkt 15 Uhr versammelten wir uns zur letzten Mahlzeit, die wir in den nächsten 24 Stunden einnehmen würden. Es war ein reichliches Essen, mit all den guten Dingen, die während des geschäftigen Morgens vorbereitet worden waren. Es gab immer eine kräftige Hühnersuppe, dann Roastbeef, Kalbfleisch, Hühner und eine für diese Gelegenheit besonders ausgewählte Gans. Ein Pudding mit Weinsoße beschloß das Mahl, und der Segen, den Vater dann sagte, war derselbe wie am Sabbat und an hohen Feiertagen. Es war eine festliche Atmosphäre, und wir Kinder, genau wie unsere Eltern, erwarteten das Fest mit Spannung. Nach dem Essen tranken wir ein letztes Glas Wasser. Mutter hatte uns immer gesagt, neun Schluck Wasser ließen an dem Festtag keinen Durst aufkommen. Wir lächelten zwar darüber, aber wir tranken doch. Selbst in späteren Jahren befolgte ich diese Regel, obwohl ich über mich selbst lachte. Aber ich hatte wirklich nie den leisesten Wunsch, während der Nacht oder am folgenden Tag zu trinken.

Alles war nun zur Abfahrt fertig, keine Unterbrechung durch Mahlzeiten bis spät in die nächste Nacht. Nur die festliche Atmosphäre blieb, und wir krochen in den Wagen, der uns zur Synagoge in Langweiler bringen sollte.

In der Tat, der Versöhnungstag ist kein Trauertag. Der Mensch sollte an diesem Tag zu einer inneren Ruhe kommen, über das vergangene Jahr nachdenken und sich auf das kommende vorbereiten. Ein Tag, um sich nicht nur als Jude zu fühlen, sondern als ein menschliches Wesen, wie alle anderen Menschen auch, die Sünden und Unrecht begehen, die Gott um Gnade und Vergebung, um Führung und Erlösung bitten.

Der Gottesdienst in der Synagoge in Langweiler begann um 18 Uhr. Nur an diesem Nachmittag unterbrachen wir unsere Reise in Hoengen nicht. Wir fuhren durch das Dorf, die Hauptstraße entlang und

nahmen dann den Weg durch die schon abgemähten Felder. Der Wagen holperte über den schlechtgepflasterten Weg durch Warden und von da durch mehrere Felder, bis wir die großen Bauernhöfe in Langweiler erreichten.
Wir hielten gegenüber dem engen, ummauerten Hof, der zu der Tür der Synagoge führte.
Auf dem Platz vor der Synagoge standen schon viele Leute, als wir ankamen. Bald kamen auch die, welche wir unterwegs überholt hatten, an. Jeder begrüßte jeden mit herzlichem Händeschütteln. Alle trafen sich hier, die Kellers, die Lucas, die Elkans, Männer, Frauen und Kinder.
Jedes Elternpaar stellte seine Kinder den Vettern und Cousinen, Brüdern und Schwestern vor und versuchte nicht, seinen Stolz zu verbergen, solch starke und gesunde Nachkommen zu haben.
Es war nur noch ein paar Minuten vor Beginn des Gottesdienstes. Fast die ganze Gemeinde war versammelt, und langsam hörte die leise Unterhaltung ganz auf. Die Männer gaben sich mit freundlichem, aber ernstem Gesicht die Hand, die Frauen küßten sich. Alle, Männer und Frauen, grüßten einander mit dem Spruch des Abends, einem Spruch voller Bedeutung, welcher der Leitfaden des ganzen Versöhnungstages war.
»Gott möge dich einschreiben in das Buch des Lebens.«
Es ist der alte Glaube, daß Gott am jüdischen Neujahrstag, 10 Tage vorher, Tod oder Leben eines jeden menschlichen Wesens in das Buch des Lebens einträgt. Die 10 Tage zwischen Neujahr und Versöhnungstag heißen die 10 Bußtage, die ihren Höhepunkt am letzten, dem Versöhnungstag, erreichen. An diesem Tag wird das Schicksal des Menschen durch die Eintragung in das Buch des Lebens von Gott besiegelt.
»Gott möge dich einschreiben«, sagten sie zueinander, bevor sie in die Synagoge traten. Sie wußten, daß die Sünden, die man vor Gott getan hat, am Versöhnungstag vergeben werden, aber die, welche man Menschen gegenüber getan hat, werden an diesem Tag nicht vergeben. Die Menschen sollen ihre Mitmenschen um Vergebung bitten, bevor sie vor Gott treten. Alle Sünden sind dann nur noch Sünden vor Gott.
Es kam vor, daß ein Mitglied der Familie Keller monatelang nicht mit einem Mitglied der Familie Lucas gesprochen hatte. Bevor die beiden

Männer in die Synagoge gingen, kamen sie schweigend aufeinander zu, einer ergriff des anderen schwere, harte Hand, sie wünschten sich gegenseitig »Er möge dich eintragen« und gingen dann ruhig über den kleinen Hof in die Synagoge. Sie hatten einander vergeben. Dennoch behielten sie den stolzen Charakter der »Herrschaft«. Der »Schnubbeler«, Karl Keller und mein Vater haben sich vor dem Versöhnungstag nie die Hand gegeben. Vor Jahren hatten sie einander vergeben, aber der Stolz, jetzt schon zur Gewohnheit geworden, hinderte diese beiden Männer hier vor der Synagoge in Langweiler laut das zu sagen, was sie fühlten.

Kurz bevor die Gebete begannen, kam ein großer Wagen über das Steinpflaster gerast. Es war Leo Keller, dessen Vater und Brüder schon eine Weile hier waren. Er brachte seine Mutter und seine Schwestern mit. Er versäumte es nie, an diesem Tag zu kommen. »Gott möge dich einschreiben«, begrüßte er alle Anwesenden und fastete auch wie die übrigen der Gemeinde 25 Stunden.

Die Männer stellten ihre Autos ab, ließen ihre Pferde und Wagen bis zum nächsten Abend bei Kellers oder Lucas' im Dorf oder bei Bauern. Langsam ging einer nach dem anderen in die Synagoge.

Die Sonne ging gerade am Horizont unter, und die Bauern des Dorfes kamen von ihrer Tagesarbeit heim. Man hatte den Eindruck, als ob die Natur in Harmonie mit den Menschen Friede und Ruhe über das Dorf gebreitet hätte. Vater und Mutter gingen zusammen über den Hof in die Synagoge. In dem Innendurchgang trennten sie sich mit einem Händedruck.

Am Versöhnungstag steht der Mensch in seiner Einsamkeit vor Gott. Es gibt kein Versteck hinter der Schuld oder dem Fehler eines anderen Menschen. Er allein in seiner Nacktheit wird an diesem Tag von seinem Gott beurteilt. Der Versöhnungstag ist auch der Tag des Gerichts für den noch Lebenden. So wie der Einsame, Betende dieses Tages einst in seinem Totenhemd vor dem Thron des letzten Gerichts erscheint, so steht er jetzt an diesem Versöhnungstag im Gewand, welches er tragen wird, wenn sein Leben vollendet ist, tot in der Mitte des Lebens, um Vergebung seiner menschlichen, allzu menschlichen Fehler zu bitten.

Die Männer, die die Synagoge betreten, ziehen ihre weißen Gewänder und Käppchen an, bereiten ihre Gebetsschals vor und legen die Gebetbücher vor sich hin. Die jüngeren und unverheirateten Leute sit-

zen in den hinteren Reihen. Die Frauen sitzen hinter der verzierten hölzernen Abtrennung auf der Galerie über dem Eingang.
Kurz bevor der Gottesdienst anfing, sah ich schnell nach oben, wo meine Mutter saß mit ihrer weißen Kopfbedeckung und ihrem lieben und doch so traurigen Gesicht. Ihre Augen trafen sich mit den meinen. Sie hielt ihren Zeigefinger über ihre geschlossenen Lippen und bedeutete mir, daß ich mich ganz ruhig zu verhalten habe. Wie alle anderen Männer schaute auch Vater noch einmal zu seiner Frau hinauf, ihre Blicke trafen sich, während vor der Heiligen Lade und an den vier Ecken des Vorlesepultes in der Mitte des Raumes die großen Kerzen angezündet wurden.
Die Bänke sind alle nach Osten ausgerichtet, stehen also im rechten Winkel zu den Nord- und Südmauern. Zwischen den Bankreihen ist ein freier Platz in der Mitte für das Pult, wo die Thorarollen und die Propheten vorgelesen werden. Zwei kleine Stufen führen von beiden Seiten hinauf. In der Mitte der Ostwand ist der Schrank, in dem sich die Thorarollen befinden. Fünf steinerne Stufen führen von beiden Seiten zu einem Pult vor der Lade hinauf.
Unter der Galerie der Frauen war die zweiteilige Tür der Synagoge, die an diesem Abend weit aufgelassen wurde. Die gotisch geformten bunten Fenster über den Bänken ließen das Licht der Abendsonne durch, das sich mit dem Schein der vielen Kerzen vermischte.
Das Pult des Kantors vor der Lade war noch leer, während die Bänke mit weißgekleideten Männern schon besetzt waren. Max Voss, der mit dem Vorstand der Synagoge auf der ersten Bank nahe der Lade saß, stand von seinem Sitz auf. Er hielt seinen bestickten Gebetsschal, der in der Form von silbernen Händen segnender Priester zusammengehalten wurde, vor sich und stieg zum Kantorpult hinauf, um den Segensspruch über den Gebetsschal zu singen, bevor er sich in ihn hüllte. Mit seiner starken, vollen Stimme intonierte er den Segensspruch, verhüllte seinen Kopf ganz mit dem Schal und stand einige Augenblicke in Stille vor der Heiligen Lade. Dann wiederholte der erste Mann, das älteste Mitglied der Gemeinde, den Segensspruch und legte den Schal an, und so folgten alle Männer gemäß ihrem Alter, einer nach dem anderen, sangen denselben Segensspruch, ein jeder mit seiner besten Stimme, und hofften auf die Anerkennung der Gemeinschaft, wenn sie jedem mit einem allgemeinen »Amen« antworteten.

Nachdem der Letzte und Jüngste seinen Segensspruch gesagt hatte, breitete sich eine große Ruhe über die vereinte Gemeinde aus. Max Voss stand aufrecht, mit geschlossenen Füßen, stumm der Heiligen Lade zugewandt, und alle Männer und Frauen schlossen sich dieser heiligen Ruhe an.
Der Versöhnungstag hatte begonnen. Siebenmal wiederholte er mit zuerst leiser, allmählich lauter werdender Stimme den ersten Satz des ganzen Tages, der sagt, daß an diesem Tag durch die Macht des Himmels und durch die eigene Macht hier auf Erden der Judenheit erlaubt ist, mit Missetätern, Abtrünnigen und mit denen, die vor Jahren Schlechtes getan und die deshalb ausgeschlossen waren, innerhalb der Gemeinde zu beten.
Eine ehrfurchtsvolle, heilige Stille breitete sich in der Synagoge aus, bevor Max Voss das Gebet anfing, nach dem der ganze Abend genannt ist, »Kol Nidre«, alle Gelübde.
Die Gemeinde erhob sich von ihren Sitzen. Der Raum war mit schweigenden, in ihre Totenhemden gehüllten Menschen gefüllt, als Max Voss die uralte Melodie zum erstenmal mit leiser, verhaltener Stimme sang. Man stand da, den Kopf leicht gebeugt, eine Träne in manchem Auge, den inhaltsschweren Worten lauschend. Nur die Lippen bewegten sich und wiederholten die Worte, die Max Voss sang. Als er das Kol Nidre das zweite Mal sang, wurde seine Stimme fester und lauter. Draußen war es dunkel, als er das Kol Nidre zum dritten- und letztenmal wiederholte. Jetzt füllte seine Stimme die ganze Synagoge. Der Mann vor der Heiligen Lade, zwischen zwei großen, brennenden Kerzen, schien mit der Macht und Stärke seiner Melodie zu wachsen. »Alle Gelübde hast du dir selbst gegenüber abgelegt, du konntest sie in deinem stets menschlichen Herzen nicht halten. Der Richter der Richter vergibt dir dennoch.« Das übermittelte Max Voss mit seiner mächtigen Stimme und kämpfte mit Gott um Vergebung. Es hallte in der Synagoge wider, brach sich an den Mauern und drang durch die offene Tür nach draußen in den dunklen Himmel und in die Tiefe der Herzen derer, die im Raum, und derer, die draußen standen. Denn in den weitgeöffneten Türen standen die Bauern des Dorfes, ihre Mützen auf dem Kopf, ihre kalten Pfeifen in der einen Hand, während die andere auf der Schulter eines ihrer Kinder ruhte, und wunderten sich über die schweigenden, weißgekleideten Leute drinnen.

Der enge Durchgang war bis zum schlechtgepflasterten Weg mit den Dorfbewohnern angefüllt. Still standen sie da und hörten zu, Menschen wie die da drinnen, von derselben Last der Missetaten gedrückt, »alle Gelübde«, »Kol Nidre«.

Das war das einzige Mal während des ganzen Jahres, daß die Bewohner des Dorfes ein Interesse am jüdischen Gottesdienst zeigten, der Jahr für Jahr in ihrer Mitte gehalten wurde. Allein die Anwesenheit dieser Bauern, ihrer Frauen und Kinder, drückte in ihrer einfachen, aber tief ehrfurchtsvollen Haltung am Versöhnungstag eine Bedeutung in sich aus. Vielleicht war das weder den Juden drinnen noch den Christen draußen bewußt; aber wenn sie es auch nicht wußten, so fühlten sie es doch in ihren Herzen. Ihre ungewöhnliche und ungefragte Anwesenheit zeugte von der tiefen Bedeutung des Versöhnungstages.

Während des ganzen Jahres ist der fromme Jude sehr auf die Beachtung der vielfältigen und strengen Gesetze der Religion bedacht. Am Versöhnungstag, dem heiligsten Tag des jüdischen Jahres, fallen diese Barrieren zwischen Juden und Nichtjuden vollständig.

Während des Abends und am folgenden Tag schlägt der Jude seine rechte Hand ans Herz, während er betet, »die Sünden, die wir getan haben«, er sagt nicht, »ich habe gesündigt«; denn der einzelne steht für alle und fühlt sich für ihre Sünden mitverantwortlich. Wie der einzelne an diesem Tag die Gemeinde vertritt, so vertritt die jüdische Gemeinde an diesem Tag die ganze Menschheit. Denn beim Aufzählen der Sünden, die wir begangen haben, bezieht sich keiner auf die Vorschriften der eigentlichen jüdischen Gesetze. Alle Sünden sind Sünden eines jeden Menschen. Nicht, daß der Jude die Gesetze des Sabbat gebrochen oder unerlaubte Nahrung zu sich genommen hätte, er bekennt die Sünden, die er begangen hat, in Worten, durch Hochmut und Irrtum, Gewalt und Frevel. Und für all dies, Gott, vergib und verzeih uns, und gewähre uns Versöhnung. Und so werden die Unzulänglichkeiten und Fehler, die die Herzen aller Menschen belasten, aufgezählt und immer wieder aufgezählt.

Die Stimme vor der Heiligen Lade stieg zu höchster Begeisterung an. Sie hatte die Gewißheit, gehört zu werden, den gnädigen Richter zu erreichen, der schon früher so oft vergeben hatte, dem ganzen Volk Israel und dem Fremden, der unter ihm wohnt, und allen Menschen, die geirrt haben. Dies wiederholte sich zwischen der ganzen Ge-

meinde und dem Kantor, dessen Stimme klar, ernsthaft und hingebungsvoll klang.
Gegen 9 Uhr abends war der Gottesdienst zu Ende. Die beiden abschließenden Hymnen über die Macht, Größe und Güte des Schöpfers der Welt wurden von der ganzen Gemeinde in einer fast frohen Art gesungen. Hierbei zeigten sich wieder die starken, sonoren Stimmen voller Stolz, und die letzten Worte »Gott ist mit mir und ich fürchte mich nicht« drückten sich in den Körpern und Seelen der »Herrschaft« aus. Wir fürchten uns vor niemandem.
Die Männer blieben noch eine Stunde in Gebet und Gesang zusammen. Einer nach dem anderen ging zum Kantorpult und rezitierte ein paar Zeilen vom Bekenntnis zu dem einen Gott.
Die Frauen und die Jüngeren machten sich auf den Heimweg. Meine Mutter war fest überzeugt, daß es Kol-Nidre-Abend nicht regnen würde, und ich kann mich nicht erinnern, je den sternenbesäten, mondhellen Septemberhimmel von einer Regenwolke bedeckt gesehen zu haben. Es war immer eine Freude, mit all den Vettern, Cousinen, Tanten und auch einigen Onkels zurück nach Hoengen zu gehen.
Ich hörte all den Reden zu, den humorvollen Bemerkungen, den kleinen Geschichten und dem gegenseitigen Hänseln. Die Frauen füllten die ganze Breite des Weges, die Arme eingehakt und in Reihen hintereinander gehend. Sie sprachen über den Gottesdienst, ihre Kinder, ihr Zuhause, wie schwer es dieses Jahr war, eine gute Schneiderin zu finden und wie anstrengend es war, darauf zu achten, daß alle Kinder in schönen, neuen Kleidern in die Synagoge kamen.
Und jeder kann sagen, was er will, der Versöhnungstag ist doch der schönste Tag des Jahres, kein Haushalt, kein Essen zubereiten, endlich ein Tag, an dem man zu sich kommen kann. Wie oft hörte ich das die eine oder andere Tante von der Synagoge kommend sagen.
An solchen Abenden blieb ich meist bei den Elkans. Wir alle saßen in deren blankgeputzter Küche, um noch für ein paar Minuten zu plaudern, bevor wir früh zu Bett gingen. Als ich am nächsten Morgen erwachte, war mein Zimmer schon in Sonnenlicht gebadet, und mein Vetter Walter, der im Bett nebenan lag, las schon in seinem Schmöker. Seine Eltern hatten das Haus schon längst verlassen. Sie gingen gewöhnlich um 7 Uhr fort, um bei Beginn des Gottesdienstes um 8 Uhr in der Synagoge zu sein. Aus dem Zimmer der Mädchen hörten wir

Lachen und Reden, ein Zeichen, daß auch sie gerade daran dachten aufzustehen.
Um 9 Uhr hielt es mich nicht länger im Bett, und ich überredete Walter, mit mir zu kommen. So erreichten wir gegen 10 Uhr die Synagoge. Es war, als ob wir in ein Zimmer kämen, in dem eine Großfamilie sich zusammengefunden hatte.
Zuerst ging ich zu meinem Vater, um ihm noch viele Jahre »Er möge dich einschreiben«, zu wünschen. Der »Schnubbeler« fragte mich jedes Jahr: »Hast du heute morgen ein ordentliches Stück Käsekuchen gehabt?« Und wenn er an Onkel Hermann vorbeikam: »Es hat dir sicherlich leidgetan, daß du gestern nachmittag nicht ein noch größeres Stück Gans gegessen hast?«
Wenn auch die wenigen Worte kaum lauter waren als ein Flüstern, winkte mir der Sekretär der Synagoge mit dem Finger, zu ihm zu kommen.
Mit leiser, aber strenger Stimme fragte er dann: »Wenn du in der Schule bist, schwätzt du dann auch?«, was ich natürlich verneinen mußte. »Dann unterhalte dich auch nicht vor Gott«, woraufhin ich ruhig und schnell zurück auf meinen Platz ging. Die Gemeinde in Langweiler hatte nie einen Rabbiner, und im ganzen Gottesdienst gab es keine Predigt. Während des ganzen Tages hatte die Konzentration auf die Gebete und ihren Inhalt nicht nachgelassen. Man verließ manchmal seinen Platz, um hinauszugehen, aber ich habe nie viele Leute vor der Synagoge stehen sehen.
Gegen Mittag, wenn der erste von den vier Teilen der Gebete vorbei war, und nachdem Onkel Josef aus den fünf Büchern Moses den Teil über den Versöhnungstag vorgelesen hatte, schlichen sich einige der Jüngeren hinaus und trafen sich gegenüber der Synagoge im Haus von Nathan Keller, dem Großmetzger, der, wie auch seine Frau, natürlich den ganzen Tag in der Synagoge war. Wir saßen in der Küche herum, die aufgeräumt und blank war, wie die Küche der Kellers in Hoengen, und selbstverständlich war nirgendwo etwas Eßbares zu sehen.
Als Max Voss das feierliche Gebet begann, das im Mittelalter ein berühmter Rabbiner vor der Heiligen Lade angestimmt hatte, nachdem sein grausam verstümmelter Leib in die Synagoge gebracht worden war, »Laßt uns der Heiligkeit dieses Tages unsere ganze Kraft widmen«, waren wir alle wieder an unseren Plätzen. Die Gebete, die nun folgten, erinnerten an den Tempeldienst in Jerusalem, wo das ganze

Volk vor seinem Gott auf die Knie fiel. Max Voss las mit zitternder Stimme, wie es nur dem Hohen Priester allein am Versöhnungstag und auch nur dann gestattet war, ins Allerheiligste des Tempels einzutreten und Gottes Namen auszusprechen. Das ganze Volk stand draußen, hörte es, kniete nieder und fiel auf sein Antlitz. Max Voss fiel vor der Heiligen Lade nieder und mit ihm die ganze Gemeinde. Es war eine strenge Sitte in der Synagoge, nicht auf die Heilige Lade zu schauen, wenn Max Voss dieses Gebet verrichtete. Aber selbst ohne diesen Hinweis, den meine Mutter mir jedesmal wiederholte, hätte ich nicht gewagt, in diese Richtung zu schauen, wo Max Voss vor der Lade lag und mit voller, etwas zitternder Stimme die Synagoge füllte und mein Herz durchdrang.

Die Spannung ließ während des späteren Teils des Nachmittags etwas nach, wenn aus der Thora zum zweiten Male gelesen wurde. Die sinkende Sonne warf durch die bunten, gotischen Fenster ihre herbstlichen Strahlen auf die weißgekleideten Herren. Eine Atmosphäre von Ruhe breitete sich über den Raum, der von keinem Geräusch oder Gespräch gestört wurde. Der Friede des ruhigen Dorfes draußen und die Ruhe in den Herzen der Menschen waren sehr verschieden von der gespannten inneren Erhebung, die vorausging.

Nach der Thoravorlesung wurde das Buch Jonas gelesen, eine Ehre, die oft meinem Vater zuteil wurde. Er stieg die beiden schmalen Stufen hoch, die zum Vorlesepult in der Mitte des Raumes führten. Die Dielen krachten und bogen sich unter seinem Gewicht. Sein Gesicht war etwas bleich und unendlich lieb und freundlich. Er warf einen liebenden und stolzen Blick hinauf zur Galerie, wo meine Mutter saß. Der Raum hallte bald wider unter seiner vollen, tiefen Stimme, als er die Geschichten des Propheten Jonas und dessen Mission in der Sündenstadt Ninive sang.

Ich hatte den Rhythmus und die Melodie des Gesanges gern. Die Bibelworte, in der uralten Melodie gesungen, breiteten Frieden über den ganzen Raum. Menschen und Raum schienen mir ein Zuhause mit meinen Eltern und meinen Schwestern geworden zu sein, ein Zuhause, welches mich auf meinen Wanderungen und der Ungewißheit der folgenden Jahre begleitet hat. Wo und wann ich diese Bibelworte in der von Generationen bewahrten Melodie höre, fühle ich mich in die Atmosphäre meiner Jugend, in die warme Sicherheit und tiefe innere Liebe des Septembernachmittags eines Versöhnungsfestes in der Synagoge von Langweiler zurückversetzt. Ich fühle mich mit meinen Eltern und der ganzen Gemeinde der »Herrschaft«, die ein grausames Schicksal zum Teil zerstört, zum Teil zerstreut hat, wieder vereinigt. Keine Kraft kann ihre Treue und Liebe, Stärke und Wahrheit in mir auslöschen, solange ich lebe.

Als mein Vater zu Ende gelesen hatte, wurde ihm ein herzlicher Dank, der jedem, der so seine Pflicht der Gemeinde gegenüber getan hatte, von allen Seiten zugerufen. »Mögest du kraftvoll bleiben.« Als er wieder auf seinem Platz war, ging ich zu ihm, drückte fest seine Hand und sagte ihm stolz: »Es war sehr gut. Du hast wirklich schön gesungen.« Und ich fügte hinzu: »Fastest du gut«, eine Floskel, die man an diesem Tage oft hören konnte.

Das dritte der vier Gebete war nun vorüber. Draußen war die Sonne am Horizont untergegangen, und Zwielicht breitete sich aus. Obwohl der Raum geheizt und der Tag kühl, aber nicht kalt war, fröstelten alle etwas durch das Fasten. In ungefähr eineinhalb Stunden war der Tag zu Ende, und alle waren etwas traurig, daß das so bald vorbei sein sollte. Schade, nach dieser erhöhten Konzentration und tiefen inneren Ruhe schien es schwer, sich vorzustellen, in die Routine des normalen Lebens zurückzukehren. Jeder einzelne war so nahe dem anderen und die ganze Gemeinde so nahe ihrem Gott.

Jetzt stieg Josef Keller zum Vorlesepult. Noch einmal breitete sich vollkommene Stille und tiefe Andacht in der Synagoge aus. Der Augenblick war gekommen, in dem die Gemeinde derer gedachte, die während des letzten Jahres aus ihrer Mitte verschieden waren und außerdem auch der Lieben, die vor längerer Zeit von ihnen gegangen waren. Mein Großvater starb vor 30 Jahren, die Großmutter vor 15 Jahren. Sie waren die Eltern oder Verwandten von fast allen im Raum. So wurde das Gebet für das Gedächtnis der Hingeschiedenen das Gebet einer einzigen Familie, die sich in Erinnerung an ihre Lieben vereinte.

Bevor Onkel Josef die Namen derer, die im letzten Jahr gestorben waren, vorlas, sprach er vor dem Ende des Tages noch einmal über das irrende menschliche Herz, das falsche Wege ging, aber zu Gott zurückfand und so Vergeben fand. Die Geschichte, die er las, war einfach, aber gerade deshalb fanden die Worte den Weg eines jeden Anwesenden. Er erzählte, wie die Kinder weit von zu Hause fortgegangen waren, so weit, daß sie den Heimweg nicht mehr finden konnten.

Während sie den Weg suchten und keinen fanden, riefen sie verzweifelt: »Vater, wo bist du?« Und der Bote rief zurück: »Kommt heim, Kinder, euer Vater erwartet euch. Er ist über euer Fortgehen nicht böse, er will euch nur zurückhaben.« Und so nahm der Bote die Kinder bei der Hand und führte sie behutsam zu ihrem Vater zurück, der voller Freude und Dankbarkeit war.

Onkel Josef fuhr mit so ruhiger und natürlicher Stimme fort, als ob alle Zuhörer gerade diese Kinder wären. »Wir sind diese Kinder, wir gingen auf Abwegen. So sandte Gott einen Boten aus, den Versöhnungstag, um uns zu ihm zurückzuführen. Laßt uns jetzt bei unserem Vater bleiben und ihn nicht mehr verlassen.«

Das vierte und letzte Gebet des Versöhnungstages, Neila, hatte begonnen. Neila bedeutet das Ende des Tages und war unter der »Herrschaft« eine Redensart geworden. Wenn etwas zu Ende ging, sagte man, es geht auf Neila zu. Noch eine Stunde konzentrierte die Gemeinde sich mit voller Hingebung auf ihre Gebete.

Nur hinter der verzierten Frauengalerie konnte man Bewegung hören. Viele Frauen verließen die Synagoge, um nach Hause zu gehen und das Essen zum »Anbeißen« für die Familie vorzubereiten. Tante Rosal wies die vielen Angebote, sie nach Beendigung des Gottesdienstes heimzufahren, zurück. Die alte Frau ging die drei Kilometer zu Fuß nach Hause, nachdem sie, wie jeder andere, seit dem vorigen Nachmittag gefastet hatte, und bereitete ein reichhaltiges Mahl für meine Eltern vor. Die Stimmung war wieder festlich und gelöst. Sie alle hatten während eines Tages und einer Nacht gebetet und gefastet, waren in sich gegangen und hatten einander vergeben. Jetzt war eine große Sicherheit in ihnen, einer büßenden Gemeinde, einer Gemeinde in ihren weißen Gewändern, die alle Anmaßung hinter sich gelassen hatte und sich ihrem Gott und Richter stellte, sich seiner Güte und seiner Großmut anvertraute. Ihr Gott vergab ihnen, wie er der ganzen Gemeinde Israel durch seinen Diener Moses vergeben hatte. Und Gott sprach: »Ich habe gemäß deinem Wort vergeben.«

Draußen wurden die ersten Sterne am dunkelnden Himmel sichtbar. Das letzte Gebet ging dem Ende zu. Die Stimme von Max Voss blieb voll und stark bis zum letzten Wort. Die Gemeinde betete noch einmal den letzten Psalmgesang mit ganzer Hingabe. Ein jeder kam zu ihm, schüttelte seine Hand und beglückwünschte ihn zu seiner Leistung mit den Worten: »Möge deine Kraft erhalten bleiben.« Und dann

schüttelte man einander die Hände, »eine gute Woche und ein gutes Jahr«.
Draußen konnte man schon die Wagen und Autos hören, die vor dem Hof der Synagoge vorfuhren. Langsam, ohne Eile, kam die Gemeinde aus der Synagoge. Mein Vater wartete in dem engen Durchgang, bis meine Mutter mit den Frauen, die geblieben waren, die Galerie verlassen hatte. Sie küßten sich und wünschten sich gegenseitig »eine gute Woche und ein gutes Jahr«.
Zusammen mit den Elkans fuhr ich zu deren Haus. Hier hatten die Mädchen eine reichhaltige Mahlzeit vorbereitet. Eine Zeitlang war jeder ruhig und beschäftigte sich mit dem Essen. Nur langsam kam eine Unterhaltung in Gang, wenn wir das Essen unterbrachen und uns etwas entspannten.
»War das nicht ein herrlicher Gottesdienst?« bemerkte Tante Emma und fügte mit einer Spur großstädtischen Ausdruckes hinzu: »Dabei sollte man nicht vergessen, daß all diese Leute, die den Gottesdienst leiteten, nur Laien sind und es nicht ihr Beruf ist.« »Was alles so natürlich macht, ist, daß Max Voss wirklich weiß und versteht, was er betet«, warf Onkel Hermann zwischen zwei Butterbroten ein.
Nach Brötchen, Brot, Butter und verschiedenen Sorten Käse, Salat und Fisch und viel starkem Kaffee wurde Kuchen aufgetischt. Tante Emma, wie viele andere Tanten, setzte ihren ganzen Stolz darein, ihren berühmten Käsekuchen zu backen. Ich wurde dauernd aufgefordert zu essen, aber mein ganzes Bemühen wurde von meinem Onkel Hermann in den Schatten gestellt. Doch der Vorrat an guten Dingen war selbst für sein Fassungsvermögen zu groß. Er lehnte sich auf dem Sofa hinter dem Tisch zurück und zündete eine gute Zigarre an.
Die nächste Stunde verging in schläfriger, entspannter Ruhe. Danach wurde der Tisch noch einmal gedeckt. Die Familie nahm Platz, um den Tag mit einem guten Essen zu beschließen, einer kräftigen Suppe, viel Fleisch und Gemüse und als letztem dem unvermeidlichen, mächtigen Pudding.
Draußen hörte man die Hupe eines Autos. Meine Eltern und meine beiden Schwestern holten mich auf dem Heimweg ab. Ich sagte der Familie gute Nacht und damit der ganzen, großen und geliebten Familiengemeinschaft, bei der ich sein durfte und, so fühlte ich, bevorzugt war, das wichtigste Ereignis des jüdischen Jahres, den Versöhnungstag, zu verbringen.

8. Kapitel

Die »Herrschaft« baut eine Synagoge

Nach dem Ersten Weltkrieg unternahmen die Juden in den Städten Anstrengungen, das Gemeindeleben in den eher abgeschlossenen jüdischen Gemeinden auf den Dörfern zu verstärken. Eine Vereinigung jüdischer Dorfgemeinden unserer Gegend wurde ins Leben gerufen. Sie hieß »Union zur Förderung jüdischen Lehrens«. Wegen der jährlichen Hauptversammlung in der Bezirksstadt Köln hatte diese Vereinigung sehr bald den Spitznamen »Bauernverein«. Im Laufe der Jahre wurden diese Zusammenkünfte unter den jüdischen Dörflern sehr beliebt.

Einer der aktivsten Träger dieser Idee war ein Stadtrabbiner, der es sich zur Aufgabe machte, die Dörfer oft zu besuchen. Vielleicht war es weniger die Rührigkeit der Vereinigung als die Persönlichkeit des Rabbiners Dr. Wolff aus Köln, der durch seine große Beliebtheit mit den Dörflern ihr Bewußtsein für das jüdische Leben vertiefte.

Aber das war sicher nicht der einzige Grund, warum die »Herrschaft« im Jahre 1926 beschloß, in ihrem eigenen Wohnort Hoengen eine Synagoge zu haben. Obwohl die Familienoberhäupter von Keller, Elkan und Lucas schon im vorgerückten Alter waren, waren sie über die Zukunft nicht besonders besorgt. Es war zwar eine Tatsache, daß ihre Kinder weit weniger mit dem religiösen Leben verbunden waren, aber die »Herrschaft« bestand zu dieser Zeit meist aus Männern und Frauen in den Fünfzigern, stark und gesund, die vorhatten, noch lange auf dieser Welt zu leben. War es da nicht fast zwingend, daß sie, die »Herrschaft«, die zu einem solch großen Teil die Synagoge in Langweiler füllte, ihre eigene Synagoge hätte? Ihr Bau wurde also beschlossen.

Sofort nachdem dieser Beschluß, eine Synagoge in Hoengen zu bauen, bekannt wurde, erhob sich lauter Protest in den kleineren Gemeinden von Warden und Langweiler. Besonders die jüdischen Familien in Langweiler sahen die ganze Idee als Verrat an. Die Synagoge dort war gute 100 Jahre alt und hatte während dieser ganzen Zeit als

Mittelpunkt der drei Dörfer gedient. Und jetzt wollte diese »Herrschaft« sich so respektlos gegenüber dieser Tradition verhalten und ihre eigene Synagoge bauen?
Starke Meinungen wurden in Langweiler laut. Diese Synagoge ist für die »Herrschaft« nicht mehr gut genug. Vielleicht haben sie vergessen, daß sie alle durch die dazugehörige Schule gegangen sind. Nein, die Synagoge in Langweiler hat, wie bisher, der Mittelpunkt zu bleiben.
Es war nicht leicht, diese Argumente zu entkräften, denn auch die »Herrschaft« fühlte sich stark mit Langweiler verbunden. Ihre ganzen Jugenderinnerungen hingen damit zusammen. Ihre Großeltern hatten die Synagoge dort mitgebaut. Was würden die zu diesem Entschluß gesagt haben? Aber trotz allem wollten sie ihre eigene Synagoge haben.
Letzten Endes wurde ein Vergleich ausgehandelt. Die »Herrschaft« baute ihre eigene Synagoge in Hoengen, aber der Gottesdienst am Sabbat und an allen Feiertagen wurde weiter in Langweiler abgehalten. Nur an Wochentagen und für die Gebete zum Gedächtnis der Toten wurde die Synagoge in Hoengen benutzt. Für solche Gottesdienste hatte die »Herrschaft« im Dorf einen Raum gemietet, und die Familien in Langweiler hatten Grund genug zu der Annahme, daß dieser Kompromiß, diese ganz unnütze Idee der »Herrschaft«, ihre eigene Synagoge zu haben, hinfällig wäre. Aber die Leute von Langweiler mußten bald feststellen, daß ihre Annahme falsch war.
Die Gemeinde der »Herrschaft« war sich einig, daß zwar der Kompromiß mit Langweiler eingehalten werden müßte, es aber trotzdem für sie notwendig war, eine eigene Synagoge zu haben. Die »Herrschaft« verfolgte eisern ihren Plan. Sie würden ihre Synagoge haben, nicht nur für sich selbst, sondern auch, um den anderen Gemeinden und nicht zuletzt den Mitgliedern des »Bauernvereins« zu zeigen, daß sie nicht eine Gemeinde von unerzogenen Bauern und Viehhändlern, sondern gottesfürchtige Menschen wären. Und wer weiß, vielleicht würde die Gemeinde noch wachsen, wenn auch die Kinder nicht mehr so sehr religiös wie ihre Väter waren. Sie wußten aus ihrer eigenen Jugend, daß die jungen Leute im Alter sowohl zurück zur Religion als auch in ihre Heimat finden würden. Der Bau der Synagoge für die Gemeinde der »Herrschaft« war ein einmütiger Beschluß. Das Geld für den Bau wurde von der gesamten »Herrschaft« aufgebracht, die

außerdem auch alle unvorhergesehenen Ausgaben übernahm. Gleichzeitig waren die Leute über die Ankündigung von Michael Lucas überrascht, daß er das Gelände für die Synagoge der Gemeinde stiften wollte.

Michael Lucas war von dem Gedanken einer Synagoge in Hoengen zutiefst berührt. Seitdem die Aktivitäten des »Bauernvereins« in Hoengen ein Echo gefunden hatten, veränderte sich Michaels Leben langsam. Der Rabbiner aus Köln besuchte die Gemeinde in Hoengen ziemlich regelmäßig, und man betrachtete sein Kommen als eine Art Festtag, Stunden der Erhebung und Besinnung. Michael, der seine religiösen Pflichten schon immer sehr genau nahm, wurde einer der frömmsten Menschen im Dorf. Er betrachtete den Rabbiner wie einen Heiligen.

Wenn man Michael sitzen sah, wie er der Predigt des Rabbiners lauschte, die uralte Verbindung zwischen Prophet und Jünger als die engste und reinste zwischen Lehrer und Schüler, hier war sie wieder hergestellt. Damals entschied sich Michael, Schlächter zu werden (Metzger nach orthodox-jüdischem Gesetz). Er hatte gerade seine Prüfung bestanden, als die Gemeinde beschlossen hatte, eine eigene Synagoge zu bauen. Es schien, als ob ein alter, geheimer Traum Michaels Wirklichkeit werden sollte. Er würde der Wächter der Synagoge sein, auf sie aufpassen und sie sauberhalten.

Wenn um ihn oder in ihm Schwierigkeiten aufkamen, hatte er den Schlüssel und konnte vor der Heiligen Lade Gott sein Herz öffnen. Er konnte mehr und mehr sein Leben dem Dienste Gottes widmen, in den er während seines ganzen Lebens unendliches Vertrauen hatte.

Michaels Bauernhof war einer der kleinsten im Dorf, und seine Metzgerei war sehr bescheiden. Trotzdem hatte er sich ein Haus gebaut, welches mit denen der anderen »Herrschaft« konkurrieren konnte. Er hatte es zu der Zeit gebaut, als er das Mädchen aus der Stadt heiratete. Sein Stolz hätte es nicht anders zugelassen. Seine Wiesen waren gerade groß genug, um ein paar Kühe und ein Pferd zu halten. Deshalb war es eine Überraschung für die Herrschaft, als Michael einen Teil seiner Wiese gegenüber seinem Haus als Baustelle für die Synagoge anbot.

Und so wurde Michaels Traum erfüllt. Da er gegenüber wohnte, war es selbstverständlich, daß er der Wächter der Synagoge sein sollte. »Er wird schon gut danach sehen, obwohl er immer ein Träumer und

etwas langsam war«, sagte Hermann Elkan zu ein paar Männern, als sie über den neuen Bau sprachen. »Richtig«, fügte Josef Keller hinzu, »aber er träumte von Gott.«
Während die Synagoge allmählich fertig wurde, glaubten die Gemeinden von Warden und Langweiler, nicht ohne ein gewisses Widerstreben, zu dem neuen Gotteshaus etwas beitragen zu müssen. Die Frauen von Warden arbeiteten an einem Vorhang für die Heilige Lade. Der rote Samt, den sie gewählt hatten, wurde mit schweren Goldfäden bestickt. Sie wählten das bekannte Muster der zwei Löwen Judas, die mit ihren ausgestreckten Vorderpfoten die Gotteskrone hielten. Unter der Krone waren die beiden Steintafeln mit den zehn Geboten dargestellt. Die Frauen arbeiteten viele Wochen an dem Vorhang. Als der Schrank in die Ostwand der Synagoge eingebaut war, gingen sie mit dem Vorhang hin, um zu sehen, wie er aussehen würde. Zu ihrem Schrecken stellten die Frauen fest, daß der Vorhang zu kurz war und daß Teile der hölzernen Türen der Lade nicht bedeckt waren. Ein Teil der Frauen klagte den anderen an, entweder den Schrein oder den Vorhang falsch gemessen zu haben. Eine Frau aus Warden beendete die Diskussion mit der Bemerkung: »Warum soll ich mich darüber aufregen, was haben wir letzten Endes mit Hoengen zu tun.« Dann gingen die Wardener heim und änderten den Vorhang.
Die Synagoge war Ende September 1926 vollendet. Es war kein geräumiges Gebäude, aber architektonisch gut durchdacht, aus hellgrauem Sandstein gebaut. Die Eingangstür vom Westen her befand sich zwischen zwei farbigen gotischen Fenstern. Ein paar Meter über den Fenstern waren außen zwei kuppelförmige Türmchen. Den Anschluß bildeten zwei silbergefärbte Davidssterne.
Schwergetäfelte Eichenflügeltüren führten in eine kleine Halle, die durch einen halbkreisförmigen Vorhang geteilt war. Die Frauen gingen links und rechts des Vorhanges in den hinteren Teil des Raumes, der für sie durch ein hölzernes Geländer abgetrennt war. Die Männer gingen in der Mitte durch den Vorhang und nahmen ihre Plätze rechts und links des Podiums ein. Die Bänke waren alle zur Heiligen Lade ausgerichtet.
Die Wardener Frauen hatten den Vorhang in den richtigen Maßen fertiggestellt, unabhängig davon, wer sich vorher geirrt hatte. Außer dem Weinrot des Vorhanges waren alle Farben in der kleinen Synagoge von einem dunklen Braun bis zu einem fast hellen Grau zur

Decke hin aufeinander abgestimmt. Die »Herrschaft« hatte ein gut geplantes und verziertes kleines Gotteshaus gebaut.

Die offizielle Eröffnung und Einweihung fand an einem strahlenden Freitagnachmittag im September 1926 statt. Die Feier war eines der größten Ereignisse, welche die Hoengener Gemeinde je hatte. Sie sollte bis Sonntag dauern. Während des Tages kamen die Gäste im Dorfe an. Vor allem waren es viele Besucher aus den umliegenden Dörfern, die mehr oder weniger mit der »Herrschaft« verwandt waren. Aus den Städten oder wo auch immer sie wohnten, kamen die nächsten Verwandten, jung und alt, um diese Tage mit der Gemeinde zu feiern.

Die vorgesehene Ankunft des Rabbiners aus Köln rief Erregung hervor. Die »Herrschaft« betrachtete ihn als die eigentliche Triebfeder, die zu der Errichtung ihrer eigenen Synagoge geführt hatte. Die Vertreter der Gemeinde gingen zum Bahnhof, um den Rabbiner abzuholen. Es gab sogar einen kleinen Streit darüber, in wessen Wagen er fahren sollte.

Gegen 2 Uhr nachmittags versammelten sich die Ehrengäste in der Wohnung von Michael Lucas. Es war eine ungewöhnliche Zusammenkunft. Da unterhielt sich der Kölner Rabbiner mit dem Pfarrer, der Bürgermeister hörte mit anderen Gästen den spannenden Erzählungen des Brandmeisters zu, der über die Nachlässigkeit des Bauern unten an der Straße sprach, dessen Hof ein Haufen Asche gewesen wäre, wenn die Feuerwehr nicht so schnell zur Stelle gewesen wäre. Zwischendurch bediente man sich der Getränke, die auf dem Tisch standen.

Allmählich füllten Verwandte der Kellers, Elkans und Lucas, die längere Zeit nicht im Dorf gewesen waren, das Wohnzimmer. Die Stimmen schwollen an, als Geschichten von neuerlichen Kraftproben von den Männern erzählt wurden. Sie wurden von den Frauen unterbrochen, weil alle vergessen hatten, daß Ehrengäste anwesend waren.

»Meine Herren, ich hoffe, Sie werden mir verzeihen«, unterbrach Michael Lucas die Versammelten, weil alle um 3 Uhr vor dem alten Gebetsraum sein sollten. Von dort wurden in einer feierlichen Prozession die Thorarollen, die Gesetze Moses, in die neue Synagoge getragen. Der Pfarrer schüttelte dem Rabbiner die Hand. Es wäre unmöglich gewesen, daß der katholische Pfarrer des Dorfes Hoengen hinter den Rollen mit den Gesetzen von Moses gegangen wäre. Die Gemeinde hatte erwogen, ihn einzuladen, an dem Einweihungsgottesdienst in der neuen Synagoge teilzunehmen, aber es war sicher, daß der Pfarrer die wohlgemeinte Einladung ablehnen mußte. So nahm er mit den besten Wünschen für die Zeremonie Abschied.

Als Vertreter der Gemeindeverwaltung waren der Bürgermeister und der Brandmeister eingeladen, an der offiziellen Eröffnung der Synagoge teilzunehmen. Auch die Einweihung einer Synagoge gehörte zu ihren Repräsentationspflichten als Vertreter der Verwaltung. Allerdings erwartete niemand, daß sie an der Prozession teilnähmen. Die Bewohner des Dorfes hätten es merkwürdig gefunden, und es wäre für den Bürgermeister peinlich gewesen, von allen Zuschauern in einer jüdischen Prozession gesehen zu werden. So wurde vereinbart, daß Bürgermeister und Brandmeister in die Synagoge kommen würden, wenn die Prozession dort angelangt war, um dem Gottesdienst und den Reden zuzuhören. Im Dorf hatte man noch nie an einem Freitagnachmittag so viele Männer und Frauen in ihren besten Kleidern gesehen, und die Bewohner waren neugierig, eine solche fremdartige und ungewöhnliche jüdische Prozession zu beobachten.

Die Prozession, die an Fronleichnam durch die Straßen ging, war eindrucksvoll, aber üblich. Daß die Thorarollen durch die Straßen getragen wurden, das mußte man gesehen haben.

Die Feuerwehrkapelle eröffnete den Zug. Sie spielte die religiösen Lieder, die sie kannte. Sie versuchte sogar, Melodien zu spielen, die in der Synagoge gesungen wurden. Aber das war unwichtig, denn die ganze Aufmerksamkeit war auf die Gruppe gerichtet, die nun folgte. Meine kleine Schwester und das jüngste Mädchen von Michael Lucas, beide gerade sechs Jahre alt, trugen zwischen sich ein großes blaues Samtkissen, auf dem der Schlüssel der Synagoge lag. Er war mit Bronze übersprüht, so daß er wie Gold aussah. Die beiden weißgekleideten Mädchen wirkten sehr feierlich und ernst. Man konnte an ihren Gesichtern den Stolz sehen, der sie erfüllte, bei einer solch heiligen Handlung mitzuwirken. Gleich hinter ihnen gingen fünf Männer. Ein jeder trug eine Thorarolle. In der Mitte der fünf schritt Max Voss, ein glückliches, fast verklärtes Lächeln auf seinem Antlitz, aufrecht und stark. Ich wußte, daß Frieden und Vertrauen in ihm waren, während er die Rolle trug und nichts fürchtete als seinen Gott. (Ein paar Wochen vorher fuhr Max Voss mit in unserem Wagen, um eine Thorarolle zu holen, die eine entfernte Gemeinde anläßlich der Einweihung der neuen Synagoge gestiftet hatte. Es war ein regnerischer Tag, und der Chauffeur fuhr sehr schnell. Meinem Onkel, der hinten neben Max Voss saß, welcher die Thorarolle eng an sich preßte, versicherte dieser, daß er keine Furcht zu haben brauche. »Solange wir die Thora im Wagen haben, wird uns nichts geschehen.«) Die »Herrschaft«, den Rabbiner in ihrer Mitte, folgte. In ihren besten dunklen Kleidern, die Zylinder auf Hochglanz gebürstet, gingen alle aufrecht, stolz, stark und glücklich, einen feierlichen Ausdruck auf ihren Gesichtern. Hier in diesem Dorf, in dem sie ihr ganzes Leben verbracht hatten, wo sie ihre Häuser und Felder besaßen, hier in diesem Dorf hatten sie ihre eigene Synagoge gebaut. Aber trotzdem war es sehr ungewöhnlich, daß sie an diesem Freitagnachmittag 1926 hinter den Thorarollen einhergingen.

Die Zuschauer auf dem Bürgersteig oder oben an den Fenstern waren still, und auf ihren Gesichtern war nur ein Ausdruck des Erstaunens. Waren das nicht dieselben Menschen, mit denen sie aufgewachsen waren und mit denen die »Herrschaft« in ihrer frühesten Jugend um das Recht, zur Schule gehen zu dürfen, hatte kämpfen müssen? Waren das nicht dieselben Menschen, die die »Herrschaft« respektierten, weil sie stark waren und verstanden, sich mit ihren Fäusten zu verteidigen? Hatten nicht die Kinder, die jetzt schweigend mit ihren Eltern auf dem Pflaster standen, auf ihre Kinder mit Steinen geworfen und sie »dreckiger Jud« beschimpft?

Die Spannung bei den Zuschauern wie auch bei den Teilnehmern der Prozession löste sich, als diese die neue Synagoge erreicht hatte, die jetzt geöffnet und in der zum ersten Male gebetet werden sollte. Der Rabbiner blieb vor den beiden kleinen Mädchen stehen, langsam nahm er den goldschimmernden Schlüssel von dem Samtkissen, und langsam ging er daran, die Tür der Synagoge zu öffnen. Nachdem die Männer, welche die Thorarollen getragen hatten, eingetreten waren und sie in den neuen Schrein gestellt hatten, folgte die ganze Menge langsam zu ihren Sitzen.

Das Innere der Synagoge mit allen Details von Dekorationen, Farben, Bänken und Pulten zog ihre und der Gäste Aufmerksamkeit an. Die kleine Synagoge war bis auf den letzten Platz gefüllt. Das Nachmittagsgebet an Werktagen ist gewöhnlich sehr einfach. Der orthodoxe Jude übt diese religiöse Pflicht allein aus oder in einer Gemeinschaft von wenigstens zehn Männern, wenn sich eine solche Gelegenheit bie-

tet. Aber jetzt wurde das einfache, kurze Wochentagsgebet zu einer feierlichen Erklärung der von Freude erfüllten Männer und Frauen. Sätze, die sonst an Werktagen nur gemurmelt wurden, wurden heute im Chor gesungen, dazu noch von den Stimmen vieler naher und ferner Verwandter der Gemeindemitglieder verstärkt.
Max Voss stand in seinem silberbestickten Gebetsschal vor der Heiligen Lade und leitete die Gebete. Seine Stimme war für den kleinen Raum voller Menschen zu stark. Sie schallte hinaus in den dörflichen Wochentag, und was die Bewohner von Langweiler oft an den Feiertagen, besonders aber am Versöhnungstag gehört hatten, hörten jetzt auch die draußen stehenden Hoenger. Trotz eines Freitagnachmittags blieben die meisten Dorfbewohner, wo sie gestanden hatten, als die Prozession vorbeizog. Sie betrachteten die Leute, als sie in die Synagoge eintraten, und fragten sich, wie eine solch fremdartige Zeremonie weitergehen würde.
Michael Lucas stand in der ersten Reihe nahe dem Schrein. Seine glänzenden Augen machten keinen Versuch, Tränen tiefer Bewegung zurückzuhalten. Nie hatte er sich seinem Gott näher gefühlt. War es nicht herrlich, voller Wunder, daß dieses Gotteshaus auf seinem, ihm eigenen Grund und Boden und gerade seinem Haus gegenüber stand? Konnte ein Mensch größeren Segen erwarten? War dieser Augenblick nicht einer der erhebendsten in seinem ganzen Leben? Michael Lucas betete mit Tränen vor Glück, in Freude und Andacht.
Die Gebete waren beendet, und bevor der Rabbiner zum Pult ging, um seine Einweihungspredigt zu halten, vergingen einige Augenblicke. Während dieser Zeit wurden die Stimmen etwas lauter. Leute verließen ihre Sitze, um mit Gästen zu sprechen. Es war nicht nötig zu hören, was sie sagten. Hände und Gesichter der »Herrschaft« zeigten auf verschiedene Teile der Synagoge und wandten sich zwangsläufig dem Mann zu, der gerade das große Pult vor dem Schrein verließ, an dem er gebetet hatte. So stolz sie auf ihre Synagoge waren, genauso stolz waren sie auf Max Voss. Ich hörte meine Mutter, die mit den anderen Frauen auf den Bänken hinter der hölzernen Abtrennung saß, wie alle über den schlichten und einfachen Innenraum des Gotteshauses sprechen. Sie prägte den Namen, mit dem die Frauen von der neuen Synagoge oft sprachen, »das kleine Schmuckstück«.
Als der Rabbiner die Stufen zum Rednerpult bestieg, herrschte vollkommene Stille in der Gemeinde. Er war ein wirkungsvoller Redner,

und nutzte diese Gabe aus. Bei dieser Gelegenheit sprach er sehr viel und bestärkte die Gemeinde, auf ihrem gottesfürchtigen Weg fortzufahren. Er richtete vor allem viele warnende Worte an die anwesende Jugend über die Verantwortung, den Weg ihrer Väter weiterzugehen und sich in die Weisheit der jüdischen Lehre zu vertiefen. Darüber hinaus vergaß der Rabbiner nie, daß er es mit seinen Dorfjuden zu tun hatte. Er kannte ihre Sprache, die so verschieden von der in der Stadt war. Wann immer es möglich war, unterbrach er seine ernsthaften Worte, um eine Geschichte, selbst einen Witz einzuflechten, in dem Tonfall und Dialekt des Dorfes. In der Synagoge konnte man nicht gut lachen, aber jedesmal zeigte sich ein zustimmendes Lächeln auf den Gesichtern. In solchen Augenblicken zeigte die Gemeinde, was sie wirklich war, eine Familie unter sich, im eigenen Heim.

Als der Gottesdienst zu Ende ging, war es noch sonnig und warm. Die Leute strömten aus ihrer neuen Synagoge, aber niemand ging nach Hause, bis der Rabbiner herauskam und jeder ihm die Hand geschüttelt hatte. Die Leute standen vor der Synagoge in der Mitte des Weges. Die Männer zündeten ihre Zigaretten an oder zogen dicke Zigarren aus ihren Taschen. Überall standen schwatzende Gruppen herum, und der Rabbiner mußte sich wieder und wieder den Fotografen stellen, welche die ganze Zeremonie aufgenommen hatten. Die meisten Dorfbewohner gingen wieder ihrer Arbeit nach. Nur Frauen und Kinder standen noch mit unbeteiligten Gesichtern herum und ohne Verständnis für die ungewöhnliche Handlung. Aber es war Freitagnachmittag, und während die Männer sich noch unterhielten, eilten die Frauen der Gemeinde heim. In wenigen Stunden würde der Sabbat beginnen, und dann würde ein zweiter Gottesdienst in der Synagoge stattfinden. Man hatte beschlossen, die Einweihung am Samstag im Haus von Michael Lucas zu feiern. Offiziell sollte die Einweihung und Eröffnung der Synagoge mit einem großen Ball im Dorfsaal am Samstagabend begangen werden. Stillschweigend wurde erwartet, daß die auswärtigen Gäste erst am Sonntag das Dorf verlassen würden.

Das Freitagabendmahl fand im Hause von Michael Lucas im engeren Familienkreis statt. Der Ehrengast war natürlich der Rabbiner, der im nahen Hotel untergebracht war. Wir, meine Eltern und ihre drei Kinder, blieben in Onkel Michaels Haus. Nach dem Gottesdienst traf ich kurz vor dem Abendessen zum erstenmal einen Teil unserer weitver-

breiteten Familie, von der ich nie etwas gehört hatte. Als ich in das Haus kam, fand ich mich einem jungen Mann mit einer weißen Studentenmütze gegenüber. Ein Zeichen dafür, daß er eine Universität besuchte. Als wir im Eßzimmer unsere Plätze einnahmen, bemerkte ich einen würdigen Herrn im mittleren Alter. Er war gut gekleidet, trug einen schwarzen Bart und war der Mittelpunkt der Gesellschaft. Die seidene Studentenmütze war schon genug, mich 11jährigen mit tiefster Bewunderung zu erfüllen. Zu meinem größten Stolz, gemischt mit einer gewissen Verlegenheit, saß ich neben diesem jungen Mann. Von seinen einfachen Manieren ermutigt, fragte ich ihn, den ich mit »Herr« anredete, nach einer Weile, an welcher Universität er studiere. Lachen der Leute, die um uns saßen, trieb mir die Röte ins Gesicht. Der junge Mann erklärte mir einfach, daß man seinen Vetter nicht mit »Herr« anzureden brauche und erzählte, daß mein und sein Vater Vettern seien, daß sie, wie der Rabbiner, in Köln wohnten, daß er Medizin studiere und daß er mehrere Male in der Woche Tote seziere. Diese letzte Bemerkung ließ mich erschaudern und war gleichzeitig aufregend. So begann ich all das zu fragen, was meine Phantasie sich ausmalte.
Da zog lautes Lachen vom nächsten Tisch unsere Aufmerksamkeit auf sich. Wie alle anderen Gäste hörte der würdige Herr unsere Unterhaltung und erzählte, wie er als Junge, der schon einige Jahre die höhere Schule besuchte, zum erstenmal seinen Onkel und seine Tante, meines Vaters Eltern, in Hoengen besuchte. Mein Vater war damals 13 Jahre alt. Er sah sich den städtisch gekleideten, schwach aussehenden Jungen an, zuerst mit einer gewissen Scheu, dann mit wachsender Herausforderung. Also dieser Kerl ist Student, sagte der junge Isaak zu sich selbst, ging in immer engeren Kreisen um ihn herum und wußte nicht so recht, was mit seinem Vetter Sigismund anzufangen oder wie ihn anzusprechen. Er ging plötzlich auf ihn zu. Es war ihm jetzt klar, daß er den jungen Mann gründlich mißbilligte. Er paßte einfach nicht in Isaaks Wertvorstellungen, und er betrachtete es als eine Herausforderung für sich selbst. Mit einem Schwung zog er seinen Rock aus und schrie Sigismund an: »Gut, wollen wir miteinander ringen?« Seit dieser Zeit verging kein Treffen meines Vaters mit Onkel Sigismund, ohne daß sie sich die Hände gaben und drohend sagten: »Gut, wollen wir miteinander ringen?«
Das Ungewöhnliche an diesem Abend war die große Menge Wein auf

dem Tisch. Sonst verlief die Mahlzeit wie jeden Freitagabend, nur ausgedehnter. Zuerst gab es Fisch, dann eine kräftige Fleischsuppe und viel gekochtes Fleisch. Anschließend wurde ein großer Braten aufgetragen, obwohl die meisten sich der Hühnerpastete erfreuten, von der es schier unendliche Mengen gab. Gemüse und Kartoffeln wurden nur als Beigaben gereicht. Doch der unvermeidliche Makkaronipudding, mit Rosinen gefüllt, wurde auf großen, runden Platten serviert, vor den Gästen zerteilt und mit viel Genuß verzehrt. Der Raum hallte von dem Psalm wider, der dem Tischgebet voranging. Man saß auf behaglichen Stühlen in dem angenehmen warmen Raum, und viele Geschichten wurden von allen Anwesenden erzählt. Onkel Sigismund schien einen nicht endenden Schatz davon zu haben. Die Unterhaltung wurde kurz unterbrochen, als man heißen Tee mit Zitrone, dazu Obst, Schokolade, Kuchen, Nüsse und andere Süßigkeiten hereinbrachte und immer noch mehr Wein. Die vielen Sabbatlichter, die jede Frau angezündet hatte, waren niedergebrannt. Sie schienen erloschen, flackerten aber vom Kerzenleuchter nochmals auf, warfen kurze Schatten auf die Wände und reflektierten auf dem Silber auf den Tischen. Kein Draußen reichte in die Wärme und den Frieden dieses Zimmer, welches voll von Männern und Frauen war, die das Leben so sicher und ruhig machten. Ich war so glücklich und versuchte alles aufzunehmen, was gesagt wurde. Der flackernde und tanzende Lichterschein hielt meine Augen in Bann. Die Stimmen wurden leiser und leiser und erreichten mich jetzt nur noch von ferne. Das liebe, lächelnde Gesicht meiner Mutter beugte sich über mich, um mir einen Gute-Nacht-Kuß zu geben. »O Mama, es war heute abend so schön«, konnte ich noch sagen, bevor der Schlaf mich übermannte.

Es war eine wirkliche Ausnahme, daß der Samstagmorgengottesdienst in Hoengen und nicht in Langweiler stattfand und daß Wardener und Langweiler nach Hoengen kamen. Sie kamen, um den Rabbiner und die neue Synagoge zu ehren. Viele wurden danach zu dem Fest eingeladen, welches in Michaels Haus gegenüber der Synagoge stattfand. Ich kann mich nicht mehr erinnern, wie man so viele Menschen in diesem Eßzimmer unterbringen konnte, und es wurde offensichtlich, daß die Kellers und Elkans ähnliche Möglichkeiten schaffen mußten, um die Leute, die in Michaels Haus keinen Platz mehr fanden, einzuladen. Die Mahlzeit war so verschwenderisch und ausgedehnt wie am Vorabend. Es waren noch mehr Leute da, aber die

Atmosphäre verlor nicht den Familiencharakter. Wenn jemand darüber sprach, bemerkte Michael einfach, was jeder fühlte, mehr Geschwister und Vettern und Cousinen machen eine größere, nicht eine kleinere Familie.

Nach dem Essen machte der Rabbiner die Runde in den verschiedenen Familien. Schon während des Essens drückte er seine Furcht aus, nicht allen Kaffee und Kuchen zu sich nehmen zu können, den man ihm anbieten würde. Aber das kümmerte Tante Rosal nicht. Während des Essens stellte sie plötzlich fest, daß der Rabbiner ihr nie die Ehre erwiesen hatte, ihr Haus zu besuchen, oder wenn er es je getan habe, müßte es schon sehr lange her sein. »Alle lachen mich aus, Doktor (Doktor war damals die Anrede für einen Akademiker), und hänseln mich, aber niemand kümmert sich um mich.« Diese Bemerkung rief von allen Seiten starke Widerrede hervor, und Hermann Elkan konnte der Versuchung nicht widerstehen hinzuzufügen, »das ist gerade, was sie hören wollte«. So begleiteten meine Mutter und Tante Emma den Rabbiner am Nachmittag zu Tante Rosals Haus, und ich durfte mitkommen. Die arme alte Dame war zuerst so aufgeregt, daß sie nicht wußte, was zu tun. Nachdem meine Mutter sie etwas beruhigt hatte, erreichten wir endlich, ins gute Zimmer geführt zu werden. Die Anwesenheit des Rabbiners ließ Tante Rosal vollkommen vergessen, Erfrischungen anzubieten. Er wandte sich plötzlich lachend zu ihr und fragte sie in ihrem eigenen Dialekt: »Nun, Tante Rosal (er nannte sie nie anders), können wir etwas zu trinken haben? Wie wär's mit dem vielgerühmten und versteckten Himbeerschnaps?« Tante Rosal sprang auf, rannte im Zimmer umher und erklärte, daß sie ihn sofort holen würde, daß sie aber in diesem Jahr sehr wenig gemacht hätte, weil sie zu dieser Zeit zu schwach und krank gewesen sei. In der Zwischenzeit holte Tante Emma Gläser, aber Tante Rosal bestand darauf, das Getränk selbst in die Karaffe zu füllen. Sie war so aufgeregt, daß sie etwas von dem Likör über das Spitzentischtuch und den polierten Tisch verschüttete. Gott helfe der Person, die ein solches Verbrechen begangen hätte! Der Rabbiner begriff die Situation sogleich und sprach in Tante Rosals Dialekt: »Aber Tante Rosal, schau, das Tischtuch!« Diese nahm die Bemerkung für ernst und versuchte zu beschwichtigen, daß es wirklich nicht wichtig sei.

Als das offizielle Essen vorbei war, begannen die Leute, besonders die

jüngeren, sich für die Musik und den Tanz vorzubereiten. Für diesen Abend waren ganz besondere Anstalten getroffen. Die große Halle war bunt dekoriert und mit blau-weißen Fahnen ausgeschmückt, auf denen sich, wie ich erst heute feststelle, große goldene Davidssterne befanden.
Vorher war es mir nie aufgefallen, wie weitverbreitet die Familienverbindungen der »Herrschaft« waren und wie stark sie noch zu diesem Zentrum der Dorfgemeinde hielten. Verwandte und Freunde kamen nicht nur aus all den nahe liegenden Dörfern, wo es keine jüdischen Gemeinden gab, sondern auch aus den Städten. Selbst eine ältere Schwester meines Vaters mit ihrem kranken Mann kam aus Wiesbaden und saß nun, von anderen Geschwistern umgeben, an einem Tisch an der Seite des Saales. Tante Juliane hatte sich ganz an das Leben in dem berühmten Badeort gewöhnt. Aber im Augenblick, in dem sie ins Dorf kam, verfiel sie in den Dialekt des Dorfes, ein echtes Mitglied der »Herrschaft«. Ihr Mann, ein pensionierter Lehrer, hatte die Familie seiner Frau nur selten getroffen. Ihm war deren Lebensweise sehr fremd und eigenartig und umgekehrt der »Herrschaft« die seine. Sehr oft wurde über ihn und seine Sprechweise gelacht. Er betrachtete sich als ein Redner und bot sich an, an diesem Abend eine Ansprache zu halten. Er war aber sehr unzufrieden, als man ihm bedeutete, daß das Programm festläge und daß nicht einmal der Rabbiner sprechen würde.
Der Saal war schnell gefüllt. Die älteren Leute setzten sich um die Tische an den Seiten. Die jüngeren standen noch in der Mitte herum. Für sie gab es viel zu sehen und über vieles zu reden. Alle hatten ihre besten Kleider an, und sie unterhielten sich darüber, wer wen in den Schatten stellte. Langsam lösten sie sich in kleine Gruppen auf und waren sehr vorsichtig, sich mit den richtigen Partnern an einen Tisch zu setzen, bis die verschiedenen Vorträge auf der Bühne vorüber waren und der Tanz anfing. Alt und jung wartete ungeduldig auf den Anfang des vorgesehenen Spiels. Mitglieder der »Herrschaft« sollten als Schauspieler in einem Stück auftreten, das sie selbst geschrieben hatten. Als dann der Vorhang aufging und der Ansager um Nachsicht der Zuschauer für die Amateuraufführung bat, der sie jetzt beiwohnen würden, hörte alles Sprechen und Lachen plötzlich auf.
Das Spiel selbst war nicht sehr wichtig. Es beschrieb die Prüfungen und Leiden der verschiedenen Mitglieder der Gemeinde, die sie

durchmachen mußten, damit eine Synagoge gebaut werden konnte. Lautes Lachen ertönte bei der Szene, in der Max Voss von den Langweilern schwer bedroht wurde. Sie verfolgten ihn mit Stöcken und trieben ihn in ihre Synagoge. Er wurde von ein paar Helden aus Hoengen gerettet. Aber beide Seiten hatten ihm soviel Gutes aufgedrängt, daß er sich zuletzt nur durch Rizinusöl von soviel Gastfreundschaft erholen konnte. Der Beifall galt weniger dem Stück als den Spielern, die sich auf die Bühne gewagt hatten. War es nicht zu komisch, daß sich Max Voss und einige der Kellers und Elkans als Schauspieler sehen ließen?

Eine andere Überraschung erwartete die ungeduldig wartenden Zuhörer. Leo Keller, der das ganze Fest bei seinen Eltern im Dorf verbrachte, zeigte seine Zugehörigkeit zur »Herrschaft« trotz seines Stadtlebens durch eine Beschreibung in Reimform der ganzen Geschichte, wie der Bau der Synagoge der »Herrschaft« letztlich zustande kam. Seine Verse, zu einer bekannten Melodie passend, sprachen von Michael Lucas, der den Boden für das Heiligtum gestiftet hatte. Der Zwischenfall der Wardener Frauen wurde erzählt, wie sie den Vorhang für den Schrein stiften wollten, der aber zu kurz war. Wie sie in ihrer Wut laut erklärten, daß sie nach all dem, was gesagt und getan wurde, mit der Hoenger Gemeinde schließlich nichts zu tun hätten. Niemand nahm es Leo Keller übel, in seinen Versen erwähnt zu werden. Im Gegenteil, die Leute fühlten sich geschmeichelt, ihren Namen vor der Menge erwähnt zu hören. Es zeigte ihnen, daß sie eine Persönlichkeit waren, selbst wenn man an einem solchen Abend über sie lachte.

Ja, Leo Keller war einer der »Herrschaft«, und daran änderte es auch nichts, daß sein Leben in der Stadt von dem seiner Familie und der Verwandten auf dem Dorf so verschieden war. Tante Hanna, die auf ihren erstgeborenen und hübschen Sohn so stolz und glücklich war, sagte zu meiner Mutter über den Tisch hinweg: »Sein Zuhause wird immer hier sein, wo wir sind, solang ich lebe.«

Und eben jetzt waren alle hier zu Hause. Die Jugend tanzte, und die Älteren saßen rundherum an den Tischen. Die stolzen Eltern beobachteten rauchend, trinkend und sich unterhaltend ihre Kinder, wie sie auf dem Tanzboden vorbeiglitten. Hier war die Jugend, die Garantie für ein Weiterleben. Starke, gesunde Männer und Frauen. Vielleicht waren sie nicht so religiös, wie die älteren es sich wünschten, aber das könnte mit der Zeit noch kommen. Auf jeden Fall sicherten sie den Zusammenhalt dieser Großfamilie. Sie würden das Leben auf dieser Erde und in diesem Dorf weiterführen als gottesfürchtige, starke und aufrechte Menschen. Die älteren lehnten sich gemütlich auf ihren Stühlen zurück. Sie wurden zwar älter, fühlten sich aber noch kräftig und robust. Sie würden sich ihrer in diesem Jahr neu erbauten Synagoge erfreuen, könnten ihren Weg weitergehen in der Gewißheit, daß ihre Kinder nach ihnen ihr »kleines Schmuckstück« immer weiter benutzen würden. In dieser Nacht gingen sie friedlich und frohen Herzens heim in ihre eigenen Häuser. Die Gäste würden am nächsten Tag abreisen, die Mitglieder der Familie, die weiter weg wohnten, ihren Abschied nehmen. Aber die neue Synagoge würde bleiben, mitten im Herzen der Gemeinde. Der »Herrschaft« war es jetzt bewußt, daß sie zwei richtige Synagogen zu ihrer Verfügung hatten.

9. Kapitel

Der Bauernverein

1926 hatte die »Herrschaft« ihre eigene Synagoge gebaut. Die nächsten drei Jahre gingen ruhig vorbei. Die »Herrschaft«, wie auch viele andere jüdische Dorfgemeinden, gingen in ihrer Umgebung ihrer täglichen Arbeit nach und hatten langsam, aber sicher die Schrecken und die Tragödie des Weltkrieges fast vergessen. Ein Gefühl von Sicherheit und Wohlstand verbreitete sich innerhalb der »Herrschaft«. Alle hatten es nach dem Krieg durch Inflation und die allgemeine Unsicherheit nicht leicht gehabt. Aber jetzt kam Wohlstand in ihre Häuser, ein Wohlstand, für den sie unaufhörlich gekämpft hatten. Der Aufschwung, der sich über das ganze Land und fast über die ganze Welt ausbreitete, hatte die sparsame und einfache Lebensart der »Herrschaft« nicht geändert. Viele von ihnen besaßen Autos, etwas Besonderes auf dem Lande, aber es fiel ihnen nie ein, ihre Wagen für etwas anderes zu benutzen als für ihr Geschäft. Vergnügungsreisen wären für sie ein Zeichen von Verschwendung, ja von Unbeständigkeit gewesen. Wenn die Jungen zur Stadt fuhren, um einen Film oder ein Theaterstück zu sehen, schüttelten die Alten stets mißbilligend den Kopf. »Es gibt genug im Haus zu tun, und sieh, was das alles kostet«, war die ständige Redensart, welche die jungen Leute zu hören bekamen, eine Redensart, die sie schon aussprachen, bevor ihre Eltern, Onkel und Tanten dazu kamen. »Das nimmt ihnen den Wind aus den Segeln«, sagten sie lachend unter sich, und manchmal tat es das auch. Das eigentliche gesellschaftliche Leben waren die Familienfeste, Verlobungen, Heiraten oder, wenn der Sohn einer Familie seinen 13. Geburtstag feierte, den Tag, an dem er als Vollmitglied in die Gemeinde aufgenommen wurde. An diesem Tag hatte er alle religiösen Pflichten auf sich zu nehmen, die ein Erwachsener zu erfüllen hat. Er wurde Sohn der Pflicht (Bar Mitzwa). Solch ein Ereignis blieb so im Gedächtnis der Leute haften, daß sie oft sagten, wenn sie zusammensaßen: »Ach ja, ich erinnere mich dessen sehr wohl. Es war das Jahr, als Walter Bar Mitzwa wurde.« Der Ort der Arbeit und Freude, der

Pflicht und des Vergnügens war für die »Herrschaft« immer noch das Heim mit der eigenen Familie und dem Kreis der Verwandten.
In diesen drei oder vier ruhigen glücklichen Jahren gab es für sie noch ein besonderes Vergnügen. Es war die Jahresversammlung in Köln der »Union zur Förderung jüdischen Lehrens« mit dem Spitznamen der »Bauernverein«. Zu dieser jährlichen Zusammenkunft fuhr die »Herrschaft« sogar in ihrem Wagen, ohne die Mißbilligung der Gemeinde zu fürchten.
Wenn die jährlichen Treffen in diesen glücklichen Jahren zur Vertiefung des jüdischen Lebens dienten, so hatten sie kurz danach noch einen anderen Zweck. In den Jahren 1929 bis 1930 brach in der Welt eine schwere politische und wirtschaftliche Krise aus. Das betraf die »Herrschaft«, wie es alle anderen Juden in Deutschland betraf, und nicht nur wirtschaftlich. Für die »Herrschaft«, wie für alle anderen Juden auch, war es der Aufstieg der immer stärker werdenden Nazipartei, die durch die dröhnende Stimme ihres Führers in ihre gesicherten Häuser drang. Nicht, daß die »Herrschaft« wirklich beunruhigt war, sie war sicher, daß dieser Verrückte und seine Anhänger wieder in der Dunkelheit verschwinden würden, aus der sie gekommen waren. Die Zeiten wurden wieder anstrengender. Politische Unruhe und wirtschaftliche Unsicherheit überkamen das ganze Land.
Der nur zu gut bekannte Antisemitismus breitete sich weiter aus, er wurde lauter und heftiger. Selbst im Dorf konnte man diesem Problem, an und für sich nichts Neues für die »Herrschaft«, durch rein physische Gewalt nicht mehr beikommen. Wenn früher ein Mitglied der »Herrschaft« »dreckiger Jud« beschimpft wurde, nahm man das überhaupt nicht ernst, genausowenig, wie der andere dazu hätte Stellung nehmen können. Man hätte ihm bestenfalls eine runtergehauen, und nicht selten reagierte der andere bei der nächsten Begegnung sehr freundlich. Eine solche Art Antisemitismus konnte die »Herrschaft« verstehen als eine Gegebenheit, mit der man fertig werden konnte; aber was jetzt vor sich ging, war für ihre einfache Denkweise unheimlich. Antisemitismus wurde ein Dauerzustand im Leben um sie herum. Die antijüdische Haltung der Leute schien viel bestimmter zu werden, wurde auch offener gezeigt. Die jungen Menschen des Dorfes fühlten sich stolz in ihren neuen Parteiuniformen und zeigten offen ihre Verachtung für die Bewohner, wenn sie an einem jüdischen Haus vorbeikamen. Wenn die Männer der »Herrschaft« miteinander spra-

chen, gaben sie zu, daß die Zeiten nicht mehr so waren wie früher. Sie führten all das zurück auf die ständig wachsende NSDAP und ihre Propaganda, waren aber überzeugt, daß diese gehaßte Partei bald wieder verschwunden sein würde und der mehr oder weniger gute Menschenverstand die Verbindung zwischen den Menschen im Dorf wieder bessern und das bedrückende Gefühl der Unsicherheit von der »Herrschaft« nehmen würde.

Die sofortige Reaktion der »Herrschaft« auf diese unbehagliche Situation um sie herum war ein noch engerer Zusammenschluß als vorher. Sie hatten von Zeit zu Zeit das Bedürfnis, andere Juden außerhalb ihrer engeren Umgebung zu treffen. Auch die Juden aus anderen Dörfern empfanden dieselbe unergründliche Feindseligkeit in ihrer Umgebung.

Es war deshalb nicht verwunderlich, daß der große Saal der Versammlungsräume der jüdischen Gemeinde in Köln (Rheinlandloge) 1931 mit Menschen aus vielen Dörfern des Bezirkes fast gefüllt war. Wenn man die Leute im Saal betrachtete, konnte man auch verstehen, warum diese Versammlung den Spitznamen »Bauernverein« hatte. Man konnte nicht umhin festzustellen, daß es sich um eine besondere Art von Versammlung handelte. Viele der Männer und Frauen blieben nie oder nur sehr selten ihrer täglichen Arbeit, sei es zu Hause auf dem Bauernhof oder im Geschäft, fern.

Einige trugen auf Hochglanz polierte Stiefel, die in Kontrast zu dem Parkettboden standen. Die Männer waren fast einheitlich in dunkelblaue oder schwarze Anzüge gekleidet, die sie zu allen außergewöhnlichen Gelegenheiten trugen. Viele der Frauenkleider waren offensichtlich von einer Dorfschneiderin angefertigt, und was ihnen vielleicht an Eleganz fehlte, war durch Haltbarkeit ersetzt. Waren sie auch weniger eintönig als die Anzüge der Männer, so wirkten die Kleider in ihren Farben doch nicht laut oder schreiend. Wenn einer der Anwesenden, besonders der älteren, durch den vollen Saal ging, sah oder lächelte er scheu und verlegen. Durch die Blicke, die ihm folgten, fühlte er sich unbehaglich. Zu der Versammlung kamen einige der »Herrschaft«, die ich fast immer nur in Arbeitskleidern gesehen hatte. Es gibt besonders auf dem Land einen bestimmten Typ Menschen, den man nur in Verbindung mit der Art seiner Arbeit sieht. Sie sind so sehr eins mit ihrem Beruf, daß sie wie Fremde sind, wenn man sie in einer anderen Umgebung trifft. Sie sehen kleiner, fast unscheinbar

aus, wenn sie ihre weiten Arbeitskleider mit solchen vertauscht haben, die für festlichere Gelegenheiten getragen werden. Ihr Haar ist mit Hilfe von Pomade glatt gebürstet, ihre schweren Stiefel gewienert, und sie sind mit dem fast obligaten dunklen Anzug gekleidet. Natürlich reagieren nicht alle auf eine so fremde Umgebung wie ein Fisch auf dem Trockenen.
Einige der »Herrschaft« hatten nichts von ihrem Selbstbewußtsein verloren. Zeitweise standen sie in kleinen Gruppen um den Rabbiner, auf den sie glaubten, einen besonderen Anspruch zu haben. Man konnte einige der »Herrschaft« beobachten, die mit den Rednern des Nachmittags sprachen. Auf ihren Gesichtern gab es kein Zeichen von Scheu oder Verlegenheit, wenn sie durch die Menge auf ihre Plätze zurückgingen. Wenn Hermann Elkan mit jemandem sprach, hatte er die Gewohnheit, mit einem Bein zu wackeln, und wenn er meinte, es hätte genug Bewegung gehabt, wechselte er auf das andere. Auch während er im Saal stand und sich unterhielt, blieb er bei dieser Gewohnheit, selbst wenn mein Vater eine Hand auf seine Schulter legte oder wenn Onkel Michael seine schwere goldene Uhrkette vor seinen Augen baumeln ließ.
Der große Saal war voll von all diesen Menschen, die in kleinen Gruppen mit Verwandten oder Freunden an den Tischen saßen. Das Gemurmel der sich unterhaltenden Leute, welches in ein unzusammenhängendes und undeutliches Geschwätz zusammenfloß, wurde von dem Geklapper der Gläser, Teller und Tassen übertönt, weil Kaffee und Kuchen vor Beginn der Reden am Nachmittag serviert wurden.
Es wurde sofort ruhig, als der Rabbiner die große leere Bühne betrat, um die Sitzung offiziell zu eröffnen. Der Rabbiner änderte weder Stil noch Sprechweise von der, die er in den Reden im häuslichen Kreis der »Herrschaft« gewohnt war. Seine ernsten Warnungen und Vorhersagen waren mit Späßen und Witzen im Dialekt der Leute, die zuhörten, aufgelockert. Seine besondere Stellungnahme zur augenblicklichen Situation und seine Analyse zu dem Ausweg aus der Sackgasse, in der sich die Juden wieder einmal befanden, gipfelte in dem strikten Befehl, sich in den Grenzen der jüdischen Tradition und an die Beachtung der Gesetze zu halten. Er, wie so viele orthodoxe Juden, sah die Leiden seines Volkes zuerst und vor allem als eine Strafe für das Abweichen vom rechten Pfad ihrer alten Religion.

Manche Eltern suchten mit ihren Augen hinten im Saal ihre Kinder, die dort zusammensaßen. Wie ist es möglich, daß sie von der eindringlichen Rede des Rabbiners nicht aufgerüttelt werden, dachten viele Eltern, die mit demselben Eifer die Worte des Rabbiners wahrnahmen und ihre Nachkommen beobachteten. Mein Vetter Kurt, den ich zum erstenmal bei der Einweihung der Synagoge in Hoengen traf, saß mit einigen seiner Freunde zusammen, die, wie er, die Universität besuchten. Er besaß sehr viel Humor. Unsere Schwestern und ich selbst hörten ihm interessiert zu, und es fiel uns sehr schwer, nicht in lautes Gelächter auszubrechen. Er imitierte auch manchmal einen Satz des Rabbiners, wenn dieser in dem besonderen Dialekt der Dorfjuden sprach. Kurt erzählte uns viele Geschichten aus seiner Studienzeit bis hin zur Medizin. Endlich traf Kurt Onkel Sigismunds Blick, der ihn und seine jungen Zuhörer mit unmißverständlichem Stirnrunzeln zu größerer Aufmerksamkeit zwang.

Nach Beendigung seiner Rede, die so warnend, aber auch hoffnungsvoll war, erhielt der Rabbiner großen Beifall und Würdigung von seinen Zuhörern. Der nächste Redner war der Versammlung kaum bekannt, mit Ausnahme dessen, was im Programm über seinen Titel und seine höhere Stellung in der Regierung ausgedruckt war. Was ihn in den Augen der Anwesenden noch berühmter machte, war die Tatsache, daß er orthodoxer Jude und überzeugter Zionist war. Das war eine seltene und außergewöhnliche Verbindung. Es war ein Ereignis, wenn man nach Hause kam und erzählen konnte, daß man den hohen Regierungsbeamten Dr. Hans Goslar gehört und fast neben ihm gesessen hatte. Der Ministerialrat stand in vielen Dingen in großem Gegensatz zu seinem Vorredner. Er sprach in einer klaren, ruhigen Art und veränderte kaum seine Stimme, um etwas besonders hervorzuheben. Er sprach langsam und frei. Als Beamter mußte er seine Worte sehr abwägen, dennoch sprach er über das Brodeln unter der Oberfläche, das sich wie brennende Lava bewege, gegen den Fels nach oben drücke und von dem niemand sagen könne, ob und wann dieses glühende, brennende Element aufbrechen und auf seinem Weg alles mit seinem tödlichen Feuer vernichten würde. Das war wirklich etwas Besonderes, eine außergewöhnliche Begegnung zwischen Redner und Publikum, hier ein Ministerialrat und als Zuhörer Menschen, die ausnahmsweise ihren Alltag, ihre Dörfer und Flecken verlassen hatten, um all das aufzunehmen, was der Redner Aufschlußreiches zu sagen

hatte. Seine Zuhörer bestanden meist aus Menschen mit einer sehr unzulänglichen, bestenfalls einer Volksschulbildung. Trotzdem sprang der Funke vom Redner auf die Zuhörer über und wurde immer intensiver, je länger die Rede dauerte.
Was hier so erfolgreich geschah, wiederholte sich in späteren Jahren mit so ganz anderen Zuhörern und unter ganz verschiedenen Bedingungen. Es war in England während des letzten Krieges. Die Voraussetzungen waren die gleichen. Der gesunde Menschenverstand einfacher Leute wurde ernst genommen. Sie wurden mit der politischen und wirtschaftlichen Lage konfrontiert in Worten, die sie verstehen konnten. Sie konnten spüren, daß es früher oder später ihr mehr oder weniger geschütztes, eigenes Leben berühren würde.
Die Rede des Regierungsbeamten nahm nicht zuviel Zeit in Anspruch. Es stand noch eine Ansprache für die Anwesenden auf dem Programm. Nach dem ehrlichen und langanhaltenden Beifall konnte man wieder das Klappern des Geschirrs und der Bestecke hören, vermischt mit dem Gerede der vielen Leute im Saal. Der Redner kam von der Bühne herunter und war sofort von Männern umringt, die mit ihm sprechen wollten. Für die meisten Anwesenden war der Gedanke, sich dieser Persönlichkeit zu nähern und mit ihr zu sprechen, fast undenkbar. Von der anderen Seite des Saales sah ich meinen Vater und Onkel Hermann mit diesem Herrn sprechen. Ein Gedanke durchfuhr mich. Ob wohl Onkel Hermann seine Beine abwechselnd bewegen würde? Ich konnte es nicht sehen, ich bemerkte nur, wie mein Vater mit stolzer Miene, aber offensichtlich ernsten Gedanken an seinen Tisch zurückkam.
Der berühmte Gemeinderabbiner Dr. Joseph Carlebach aus der großen nördlichen Hafenstadt Hamburg, der jetzt die Aufmerksamkeit auf sich zog, war von seinem Äußeren her eine imposante und auffallende Erscheinung. Seine aufrechte Körperhaltung, die ihn größer erscheinen ließ, wurde betont durch breite Schultern, auf denen ein ausdrucksvoller Kopf mit einer hohen, geraden Stirn und einem langen, weißen Bart saß, der in den ebenfalls weißen und buschigen Schnurrbart überging. Die Leute im Saal waren es gewohnt und hielten es für selbstverständlich, daß ein Rabbiner ein weltfremder Mensch war, der das Wort Gottes lehrte und auslegte, aber nicht Ratschläge, außer moralischer Art, für die Handhabung der täglichen Geschäfte geben konnte. Aber der Rabbiner, der jetzt vor ihnen auf der

Bühne stand, setzte seine Zuhörer in Erstaunen. Er wollte durchaus nicht die politische Welt von seinem religiösen Glauben trennen. Die Leute konnten sich über einen solchen Rabbiner, der in beiden Welten zu Hause war, nur wundern. Wenn die Theorie, die er hervorbrachte, seine Zuhörer nicht überzeugt hätte, nämlich, daß die beiden Bereiche Glaube und Wirklichkeit zwei Seiten desselben seien, sein weltliches Wissen hätte den Nachweis dazu erbracht. Er gab eine ausführliche Analyse der vorherrschenden politischen und wirtschaftlichen Lage. Er verband diese Lage mit dem weiteren und umfassenden Bereich, durch welchen die Welt der Wirklichkeit ihre augenblickliche Richtung erhielt. Er akzeptierte die reale Welt mit ihren Leiden und Enttäuschungen, Glück und Möglichkeiten, Versagen und Erfolg, wie er die Welt des Menschen mit der Sehnsucht nach Führung, Glaube und Liebe zu seinem Gott annahm.
Die Jugend hinten im Saal wurde ernst und begann aufmerksam zuzuhören. Nach kurzer Zeit gingen wir geräuschlos auf die Galerie, um den Redner besser sehen und hören zu können. Ich erinnere mich besonders einer Bemerkung dieses Rabbiners, über die ich in den folgenden Jahren reichlich Gelegenheit hatte nachzudenken, als das, was er erwähnte, drohende Wirklichkeit wurde. Er verglich den Trend unserer Zeit mit den menschlichen Maßstäben in den alten Schriften der Bibel, die, wie er es ausdrückte, tiefer und dauernder seien als die wechselnden politischen Systeme der modernen Gesellschaft, von denen jedes für sich in Anspruch nahm, das einzig vollkommene und alleinig bestimmende zu sein. Konnten die Zuhörer im Saal folgen? Konnten sie das Problem, das ihnen vorgelegt wurde, verstehen? Blitzartig wurde die Ansicht des Redners aus der Dunkelheit durchdrungen und erleuchtet, als er ausrief: »Eine Maschine, die 1000 km in der Stunde fährt, zu konstruieren, ist nicht schwer, aber sie zu bremsen, aber sie zu bremsen! Wird die Zivilisation ihr Vorwärtsstreben unter Kontrolle halten können, oder wird sie zu spät herausfinden, daß sie die Entwicklung der Dinge nicht mehr kontrollieren kann?«
Draußen war es dunkel, als der Rabbiner seinen Vortrag beendet hatte. Die Galerie war voller Menschen, die nicht alle zum »Bauernverein« gehörten, die aber gekommen waren, um diesen Mann zu hören, der wirklich etwas zu sagen hatte. Eine ähnliche Atmosphäre, wie sie im Saal während und nach der Rede herrschte, habe ich nur später

während der Vorlesungen von berühmten Universitätsprofessoren wieder erlebt. Die Rede des Rabbiners hatte fast zwei Stunden gedauert. Sie war eine leidenschaftliche Auflehnung gegen die Teilung der Gesellschaftsordnung von ihren moralischen Grundlagen, auf die sie sich stützen sollte, in zwei getrennte, unabhängige Teile. Die Besucher der Galerie waren Leute aus der Stadt. Die meisten kannten die Ansichten des Redners gut. Die Kleinbauern, Metzger und Viehhändler, die an den Tischen im Saal saßen und für die diese Zusammenkunft organisiert war, hörten, fühlten und verstanden das Wesentliche von dem, was ihnen dargelegt wurde, und wir, die Jüngeren, hatten vollständig vergessen, unsere Scherze über die verschiedenen Typen im Saal zu machen, über Leute, die nicht in ihre besten Kleider paßten, die sie an diesem Nachmittag trugen, und mit denen vertauscht hatten, die sie sonst auf dem Bauernhof trugen, und in denen sie uns so familiär erschienen. Alle diese Mitglieder des »Bauernvereins« würden bald wieder ihrer täglichen Arbeit nachgehen, von familiären und vertrauten Dingen umgeben, ihren Häusern, Kuhställen, Wiesen und den Bauern von nebenan. Sie befanden sich wieder in der widersprüchlichen Verbindung mit den nahen und doch so weit entfernten Nachbarn, deren Freund- und Feindschaften sie seit Generationen empfunden hatten. In ihrem tiefsten Inneren wußten sie um die fast unsichtbare und doch spürbare Wand, die sie vom Bauern nebenan trennte, als Juden.
Aber nach einem solchen Nachmittag mag es einigen dieser Dorfjuden auf ihrer Heimfahrt klargeworden sein, daß sie diese widersprüchliche Situation mit den Juden in anderen Dörfern und Städten teilten. Sie fühlten, daß ihr Schicksal und ihre Zukunft mit denen aller Juden in diesem großen, gut organisierten Land aufs engste verbunden waren, einem Land, von dem sie unausgesprochen wußten, was der Regierungsbeamte in den Worten ausdrückte, daß das Brodeln unter der Oberfläche, das sich wie brennende Lava bewege, gegen den Fels nach oben drücke und von dem niemand sagen könne, wann diese brennende und zerstörende Kraft aufbrechen und auf ihrem Weg alles mit ihrem tödlichen Feuer vernichten würde.
Die Versammlung und die Eile der Leute, nach Hause zu kommen, war vorüber. Wir saßen in dem kleinen, vornehm ausgestatteten Speisezimmer des Vereinshauses. Die schweren, weinroten Vorhänge waren zugezogen, und der Lärm von draußen, das Hupen der Autos

und das Quietschen der Straßenbahnen waren kaum zu hören. Das indirekte Licht, von der weißen Decke und den leicht roten Wänden reflektiert, gab dem Raum eine elegante, intime und sichere Note. Es war gut, hier mit meinen Eltern, Onkel Sigismund und seiner Familie zusammen zu sein. Der Abend stach vom Nachmittag mit all den Reden und den lauten Menschen so angenehm ab.

Meine Eltern und meine beiden Schwestern saßen zusammen mit Onkel Sigismund, seiner Frau und seiner Tochter, während mein Vetter Kurt und ich ein paar Schritte entfernt an einem kleineren Tisch saßen, um ungestört über alles, was mich so sehr berührte, mit meinem belesenen und intelligenten Vetter zu diskutieren. Ich war von der Rede des Rabbiners am Nachmittag sehr erregt und versuchte, mehr über die religiöse Philosophie, die offensichtlich allem, was er sagte, zugrunde lag, zu hören. Ich wußte, daß Kurt über diese Themen gelesen hatte, und ich wollte alles, was er mitzuteilen hatte, aufnehmen und verstehen. Obwohl Kurt viel älter war als ich, schien er an unserer Unterhaltung gleichermaßen interessiert zu sein. Wir beide wiesen das umfangreiche Essen, das am Nebentisch verzehrt wurde, zurück und stocherten unaufmerksam in den leichten Erfrischungen, die wir bestellt hatten, herum.

Lachen vom anderen Tisch lenkte plötzlich unsere Gedanken von unserem Thema ab. Die anderen hatten ihre Mahlzeit beendet und lehnten gemütlich in ihren Stühlen zurück. Ihre amüsierten Gesichter waren auf Onkel Sigismund gerichtet, der die Geste machte, als wolle er die Ärmel aufkrempeln. Er gab seiner Stimme einen drohenden Ton und rief zu meinem Vater gewendet: »Nun, wollen wir miteinander ringen?« Die Unterhaltung hatte sich offensichtlich wieder alten Zeiten zugewandt, der Zeit, als Onkel Sigismund als Besucher in meines Vaters Dorf kam. Mein Vater und Onkel Sigismund unterhielten sich nochmals über die komischen Vorgänge und ungewöhnlichen Charaktere der Vergangenheit. Kurt und ich zogen unsere Stühle zum anderen Tisch heran, weil wir wußten, daß es der Mühe wert war, diesen Geschichten zuzuhören, selbst wenn wir sie schon kannten. Onkel Sigismund erinnerte an die besonders lächerliche Figur, die er in unserem Dorf traf, einen Mann, der unter dem Spitznamen »der verrückte Simon« bekannt war. Schon die Erwähnung dieses Namens brachte meinen Vater in Schwung, einige der unter der »Herrschaft« bekannten Anekdoten zu erzählen. Der »verrückte Simon« war zu dieser Zeit

für die meisten Familien der »Herrschaft« Mädchen für alles. Viehtreiber, Bote usw. Mein Vater hatte ihn als jungen Mann gekannt. Ich habe ihn oft gesehen, wenn er uns Kühe brachte oder welche für meinen Onkel im Dorf holte. Der »verrückte Simon«, wie ich ihn kannte, war ein schäbig aussehender Mann mit weißem Haar und Schnurrbart, dünn und ungepflegt. Er trug grobe Anzüge und hatte immer kurze Seile für die Kühe über seinen Schultern hängen. Die Legende ging, daß er der einzige Sohn reicher Eltern war; nach deren frühem Tod verspielte und vertrank er sein ganzes Vermögen, und mein Vater erinnerte sich noch, daß er mit einem Zweispänner fuhr. Die glanzvolle Periode seiner Jugend war recht kurz, so daß er sehr bald nicht nur finanziell, sondern auch geistig ruiniert sich für die Arbeiten anwerben lassen mußte, die er auch noch als alter Mann ausführte. Es war schwer, sein Alter zu schätzen. Wenn man ihn sah, konnte er genausogut 50 wie 70 Jahre alt sein. Aber ungeachtet seines Alters war er noch so kräftig, rüstig und stark wie manch Jüngerer und führte oft wilde und unwillige Kühe stundenlang über die Landstraßen.
Etwas hatte Simon aus seiner wohlhabenden und unabhängigen Zeit behalten: sich blumenreich und gebildet auszudrücken. Das klang so absurd und unpassend in seiner täglichen Umgebung, daß es für die Dorfbewohner ein Anlaß war, sich immer wieder über ihn lustig zu machen. Mein Vater erzählte, daß Simon eines Tages auf dem Hof Weizensäcke nachschaute, um sicher zu sein, daß keine Säcke mit Löchern benutzt wurden. Er nahm den obersten Sack vom Haufen, zog ihn über seinen Kopf und seine Schultern und versuchte festzustellen, ob er Tageslicht hindurch sehen konnte. So stand er da und sprach: »Es ist kein Schaden zu ermitteln.« Das war Simons Art zu sagen, daß kein Loch im Sack war. Aber mein Großvater, der neben ihm stand, wurde ärgerlich, weil er annahm, der »verrückte Simon« mache sich entweder über seine Arbeit oder über den Mann, der ihm die Arbeit gegeben hatte, lustig. Er gab Simon eine Ohrfeige und schrie ihn an: »Du verrückter Kerl, ich werde dich lehren, vernünftig zu sprechen.«
Mein Vater hatte Onkel Sigismund nicht geohrfeigt, als er ihn zum erstenmal traf, aber Sigismunds kultivierte und wohlgewählte Sprache hatte den jungen Isaak argwöhnisch gemacht und sogar so sehr verärgert, daß er ihn zu einem Ringkampf herausforderte. Mein Vater lehnte sich für einen Augenblick in seinem Stuhl zurück und sah träu-

mend vor sich hin, als sähe er jetzt bekannte Bilder der Vergangenheit vor sich. »Nun, der beste Streich, den der ›verrückte Simon‹ je gemacht hat, war folgender«, fuhr er fort.

»Eines Tages wollte ein Viehhändler namens Kaufmann aus Eschweiler bei meinem Vater eine Kuh kaufen. Als der Händler die Kuh sah, konnte er sich noch nicht zum Kauf entschließen. Vater und der Händler kamen daraufhin überein, daß dieser am Wochenende nochmals kommen würde, wenn die Kuh bis dahin nicht verkauft sei. Vater sollte jedoch freie Hand behalten, die Kuh zu verkaufen, wenn sich die Gelegenheit dazu böte. Er sollte aber dann Herrn Kaufmann benachrichtigen, damit dieser nicht den zweistündigen Weg umsonst machen müßte. Am anderen Tag verkaufte Vater die Kuh. Am Abend bat er Simon, am nächsten Morgen nach Eschweiler zu gehen und Herrn Kaufmann zu sagen, die Kuh sei verkauft. Er gab Simon die Adresse des Händlers, und dieser ging am nächsten Morgen in der Frühe nach Eschweiler. Entweder hatte nun Simon unterwegs etwas zuviel getrunken oder er hatte einfach den Namen der Straße vergessen, jedenfalls, als Simon in Eschweiler ankam, konnte er sich nicht mehr erinnern, wo der Händler wohnte. Er wußte nur noch den Namen und was er ausrichten sollte. Nach Hoengen zurückzugehen, ohne die Botschaft ausgerichtet zu haben, schien Simon nicht ratsam. Jemanden in der Stadt zu fragen, wo ein Herr Kaufmann wohnte, kam Simon wohl nicht in den Sinn, aber er hatte, so meinte er, eine tolle Idee. Er stellte sich an den Anfang der Hauptstraße, wo sie in die geschäftige, kleine Industriestadt einmündete, und schrie so laut er konnte: ›Kaufmann soll nicht nach Hoengen kommen, Lucas hat die Kuh verkauft!‹ Fast den ganzen Tag ging Simon nun durch Eschweiler, immer wieder anhaltend und schreiend. Schließlich wurde in einer Straße ein Fenster geöffnet und ein Mann, anscheinend Herr Kaufmann selbst, sagte zu Simon, soweit er vor lauter Lachen sprechen konnte, es sei gut. Er möge Lucas sagen, daß Kaufmann nicht nach Hoengen käme. Stolz und mit sich selbst zufrieden machte sich Simon auf den Weg nach Hoengen, um meinem Vater mitzuteilen, daß er Herrn Kaufmann die Nachricht überbracht habe.«

Meine Mutter mußte meinen Vater mehrere Male unterbrechen, während er erzählte, wie Simon in der bevölkerten Stadt Eschweiler stand und seine Botschaft ausrief. Der kleine Speisesaal war nicht die geeignete Umgebung, um Simons Tat so lebhaft zu schildern. Es war spät geworden, und wir waren die letzten Gäste im Raum, aber wir blieben weiter um den Tisch sitzen, unterhielten uns und riefen Erinnerungen zurück an eine Zeit, die so schnell vorbeiging, um für eine verworrene Gegenwart und eine dunkle und unheimliche Zukunft Platz zu machen.

»Es ist wohl der Mühe wert, im Dorf das jüdische Leben fortzuführen und beizubehalten. Vieles davon ist gut und gesund, und in dieser Hinsicht erfüllt der ›Bauernverein‹ sicherlich einen guten Zweck«, bemerkte Onkel Sigismund. »Und schau, wie stark und kräftig sie alle sind! Es macht einen richtig froh, sie zu sehen, selbst die Alten können manchen Jungen aus der Stadt beschämen, wenn's ums Arbeiten geht«, fügte seine Frau hinzu. Diese letzte Bemerkung hätte sicherlich meinen Vater angeregt, noch einige Geschichten zum besten zu geben, aber er erinnerte sich plötzlich, wie spät es inzwischen geworden war. »Was, halb zehn, und den ganzen Tag war niemand im Haus, wir müssen jetzt wirklich gehen!« Das leichte Lächeln auf meiner Mutter Gesicht hatte er nicht gesehen. Hätte Tante Rosal sich nicht fast genauso ausgedrückt? Vater war doch einer der »Herrschaft«, und mit ihnen teilte er auch das Vertrauen, daß alle Gefahren, welche die Juden heute bedrohten, überwunden werden könnten. Könnte er sich vorstellen, daß all diese starken, stämmigen Bauern, die er heute getroffen hatte, nicht für sich selbst stehen und das verteidigen würden, was ihnen gehörte und was ihr Recht war? »Es wird alles gut werden«, sagte mein Vater, als die beiden Familien an diesem Abend Abschied nahmen. »Hoffen wir, daß wir uns noch viele glückliche Jahre hier im ›Verein für jüdisches Lehren‹ treffen werden.« Aber Kurt konnte es nicht lassen, den großen Namen, den mein Vater erwähnt hatte, zu zitieren: »Till we meet again im ›Bauernverein‹.«

10. Kapitel

Zerstörung und Überleben

Es war im Frühjahr 1933. Durch das Radio ertönte eine Stimme, klagend, schreiend, brüllend oder auch beschwörend. Diese Stimme sprang einen selbst von übergroßen Lettern in den Zeitungen an. Sie schrie von blutroten Plakaten. Keiner konnte ihr entrinnen. Es war ein warmes, erfrischendes Frühlingswetter. Die Bäume am Rand der Straße, die Blumenbeete auf den Plätzen zeigten ihr erstes Grün, ihre ersten Knospen. Die Parkanlagen in Aachen wurden von ruhigen, fleißig arbeitenden Gärtnern gepflegt. Verträumte, ruhige Parks in ihrer Abgeschlossenheit und Gepflegtheit zeigten ein Zeitalter, das durch die kommende Ära unwiederbringlich zerstört wurde. Außerhalb der schattigen, kühlen und geschützten Parkanlagen schien eine warme Frühlingssonne auf laute Szenen. Bei Trommel- und Trompetenklängen marschierten und sangen viele Menschen in schwarzen und braunen Uniformen. Sie führten blutrote Fahnen und Banner mit sich. Auf beiden Seiten längs des Weges standen erregt und begeistert Menschen, schreiend und mit erhobenen Armen, wenn die marschierenden und singenden Männer mit den roten Fahnen vorbeizogen. Auf denselben Plätzen mit den knospenden Blumenbeeten brüllte die Stimme aus großen Lautsprechern. Ein anderes Zeitalter war unwiderruflich zu Ende. Das angezweifelte und doch gefürchtete Ereignis war Wirklichkeit geworden. Was würde als nächstes geschehen? Was würde die nächste Zukunft den fest verwurzelten Familien der »Herrschaft« bringen? Die Männer besprachen das zu Hause und auf dem Viehmarkt. Sie erzählten sich Geschichten über die Reaktionen von Freund und Feind unter den Bauern.

Josef Keller und sein Sohn Walter fuhren jeden Freitagmorgen in ihrem neuen Ford, so wie sie es seit Jahren getan hatten, zu den Mitgliedern der »Herrschaft«, die, wie wir, nicht in Hoengen wohnten, um ihnen das Fleisch für die Woche zu bringen. Beide, Vater und Sohn, trugen Gamaschen, Breeches und schwere Stiefel. Walter hatte immer seine Lederjacke an und zog sie nie aus, selbst dann nicht, wenn er aus der

eiskalten Winterluft in ein überheiztes Zimmer kam. Man saß um den Tisch und trank heißen Kaffee. Die Unterhaltung drehte sich hauptsächlich um die Familie, um Kühe, den Viehmarkt und daß die Zeiten nicht mehr so seien wie früher. Wie abgehärtet sie, die Alten, in ihrer Jugend waren und wie verzogen die jüngere Generation jetzt sei. »Ja, Walter«, wandte sich mein Vater zu diesem und mir, »euer Großvater trug kilometerweit zwei schwere Körbe mit Fleisch. Das waren noch Männer.« Im Frühjahr 1933 sprachen sie nur über das unbegreifliche Ereignis, das nun wirklich eingetreten war. Es war wie der Alptraum eines Gefangenen, der in seinem Traum die Gefangennahme erlebt und erwachend seinen Traum als brutale Wirklichkeit vorfindet.
Die Freitagmorgenunterhaltungen, bei denen immer wieder versichert wurde, man habe keine Zeit und könnte nur ein paar Minuten bleiben, waren mit Erzählungen über die Bauern des Dorfes und der Gegend ausgefüllt. Mein Vater beruhigte Josef Keller, und dieser wiederum erzählte Geschichten, die beweisen sollten, wie recht mein Vater habe. Ja, es ist ganz bestimmt so, daß die meisten Bauern mit dem Regime nicht einverstanden sind, sie haben es gesagt und verbergen ihr Vorhaben nicht. Wenn die Regierung versuchen würde, in die Verteilung ihrer Höfe und Ländereien unter ihre Söhne einzugreifen, dann gäbe es Krach, und die Regierung täte gut daran, vorsichtig zu sein. Die neue Theorie über Blut und Boden schien den Bauern überhaupt nicht zu gefallen. Mein Vater nahm das Thema wieder auf. »Im übrigen habe ich in 30 Jahren unter den Bauern dieser Gegend so viele Freunde gewonnen. Werden die jetzt plötzlich aufhören, meine Freunde zu sein? Alle sagen mir dasselbe. All diese Verrückten, die jetzt versuchen, das Land zu regieren, werden eine Zeitlang etwas zu sagen haben; sie werden das Land an den Rand des finanziellen Ruins bringen, so wie sie mit unserem Geld umgehen. Laß sie nur so weitermachen. In ein paar Monaten wird der ganze Wahnsinn vorbei sein.«
Walter saß vom Tisch entfernt, seine Lederjacke fest zugeknöpft, seine Hände lagen auf den Knien, sein Körper war leicht vorgebeugt. Es sah aus, als ob er seine Hände, von der vielen Arbeit hart geworden, und seine kräftigen Beine in ihren engen Gamaschen und weiten Breeches untersuchen würde. Plötzlich bemerkte er, nachdem er der Unterhaltung schweigend gefolgt war: »Was mich betrifft, werde ich mir nichts von irgendeinem gefallen lassen. Wenn sie mit mir verrückt spielen

wollen«, und er ballte eine Faust auf seinem Knie, »werde ich so zuschlagen, daß sie das so bald nicht vergessen werden.« Die Augen meines Vaters leuchteten für einen Augenblick, bis Josef Keller sich an seinen Sohn wandte und mit ärgerlicher Stimme sagte: »Du wärst besser vorsichtig, das sind keine Zeiten für Helden. Du kannst ein Messer im Rücken haben, bevor du weißt, was vor sich geht.«
Und so diskutierte die »Herrschaft« untereinander und versuchte, sich zu beruhigen. Sie prahlten ein wenig und versuchten, an ihre eigene Kraft zu glauben, an die Stärke ihrer Fäuste und an die der Gerechtigkeit und des Rechts. Sie konnten und wollten nicht glauben, daß all die Werte, die seit Generationen bestanden, keine Gültigkeit mehr haben sollten. Aber in ihrem Innersten lag in all den starken und hoffnungsvollen Worten tiefe Angst und sogar Furcht. Die »Herrschaft« war sich sehr bewußt, daß die Dinge dieses Mal anders lagen, als es den alten Gewohnheiten in ihrer Arbeit und dem täglichen Leben entsprach. Wäre es möglich, daß ein Mensch nicht mehr frei und unabhängig seiner Arbeit nachgehen dürfte? Bis zu dieser Zeit trennten Welten die »Herrschaft« vom Mittelalter. Alte, dunkle Geschichten spukten noch in ihren Köpfen, aber sie dachten nur selten darüber nach. Es gab hin und wieder noch Gelegenheiten, bei denen sie über diese Geschichten und Legenden sprachen, zur Fastenzeit, mitten im Sommer, wenn die Tage heiß und lang waren und man im Zwielicht saß und leise sprach in Erinnerung an die Zerstörung des heiligen Tempels in Jerusalem und über die lange Geschichte des jüdischen Volkes und seiner verlorenen Heimat. In jedem Haus der »Herrschaft« stand eine der blau-weißen Büchsen, in die man von Zeit zu Zeit Geld einwerfen konnte, um Boden des alten heiligen Landes aufzukaufen. Es gab jetzt in Palästina eine richtige jüdische Stadt und viele blühende Siedlungen. Die »Herrschaft« hatte sogar von meist jungen Menschen gehört, die dort hingingen, um das Land aufbauen zu helfen. Aber das waren Träumer. Leute, die Familie hatten und sich um ihre Geschäfte zu kümmern hatten, konnten wirklich nicht mehr tun, als darauf stolz zu sein. Für die »Herrschaft« gab es keine andere Möglichkeit zu helfen. Wenn es Nacht wurde, das Fasten gebrochen war, die Lichter in Küche, Hof und Schlachthaus wieder brannten und die Arbeit für den nächsten Morgen vorbereitet wurde, verschwanden die alten Geschichten aus dem Mittelalter in der Helle des elektrischen Lichtes. Auch die Gedanken konzentrierten sich wie-

der auf die täglichen Geschäfte. Die von der Zeit aufgerichtete Mauer stand zwischen der »Herrschaft« und einer Zeit, die sie für immer vorbei wähnten. Würde die Mauer von dem aufkommenden Sturm zerstört werden? Könnten die stürmischen Wasser eine Springflut werden, so, wie sie seit Generationen nicht erlebt wurde, und die Mauer sprengen? Im Augenblick ging das Leben wie gewohnt weiter.

Eine neue Einrichtung, eine Art Kooperative, wurde von dem neuernannten Ortsbauernführer gegründet. Onkel Hermann und mein Vater sprachen so laut darüber, als ob der Führer selbst vor ihnen stände und sie um ihre Meinung fragte. »Siehst du nicht, diesem Mann ist die Kooperative völlig gleichgültig. Er will die Bauern nur zwingen, ihr Vieh auf den Viehmarkt zu schicken, wo seine Vertreter es für eine Kommission verkaufen sollen, und die wenigen ernannten Vertreter hängen natürlich vollkommen von diesem Mann ab«, machte Onkel Hermann darauf aufmerksam. »Ich weiß das«, fuhr mein Vater fort, »aber wenn die Bauern genug eingeschüchtert sind und nicht mehr wagen, an uns zu verkaufen, dann wird die ganze Kooperative wieder aufgelöst und jeder kann verkaufen wie vorher. Nur wir Juden sind ausgeschaltet.«

Und so geschah es. Die »Herrschaft« triumphierte zwei Wochen lang, denn die Kooperative brachte nur sehr minderwertiges Vieh auf den Markt. Aber bald wurden die Bauern gezwungen, all ihr Vieh der Kooperative zu verkaufen, und den Juden wurde das Betreten des Marktes untersagt. Danach übernahmen die arischen Viehhändler den gesamten Verkauf. Der Markt wurde weitergeführt ohne Kooperative und ohne die Juden. Die alten Freunde unter den Bauern baten die Juden mit Bedauern, nicht mehr auf ihre Höfe zu kommen, weil das von »oben« gegen sie ausgelegt würde. Trotzdem kamen nachts einige Bauern, um eine Kuh zu kaufen oder zu verkaufen, und die Kunden arrangierten sich hier und da, ihr Fleisch dort zu kaufen, wo sie es seit vielen Jahren gekauft hatten. Aber die gefährliche Methode der neuen Männer in der Regierung sah so aus, als ob sie den Weg und das Ziel mit absoluter Sicherheit kannten. Langsam, aber sicher fiel ein Vorhang zwischen die »Herrschaft« und die Dorfbewohner, der sich allmählich zu einer undurchdringlichen Mauer verdichtete. Die »Herrschaft« wußte, daß eine neue Geschichtsperiode angebrochen war, und daß niemand ihr Ende kannte. Sie gab jedoch

noch nicht auf, sondern hielt fest in der Hoffnung, daß das Ganze nicht lange dauern würde.
Die Bevölkerung im ganzen Bezirk war fast ausschließlich katholisch und für ihre Frömmigkeit bekannt. Die Zentrumspartei, die durch das neue Regime zerstört wurde, war in der Hauptsache eine katholische und hatte hier einen ihrer Schwerpunkte. »Letzten Endes sind die nicht nur gegen uns, sondern auch gegen das Christentum und überhaupt gegen die Religion. Sie werden hier in unserer Gegend nicht weit kommen.« So beruhigte die »Herrschaft« sich gegenseitig. Jeder glaubte nur halb, was gesagt wurde. Sie verließen sich auf andere und gingen soweit wie möglich ihren Geschäften nach.
Mehr als drei Jahre mußten vergehen, bevor die »Herrschaft« das Unvermeidliche erfuhr, daß die einzige Hoffnung, weiterzuleben, wäre, das Land zu verlassen, und zwar so schnell wie möglich. Die Lage wurde plötzlich sehr ernst. Bis zu diesem Zeitpunkt hatte man sich an das geklammert, was man hatte. Jetzt aber wurde es ein Kampf ums Überleben. Das Unglaubliche war eingetreten. Ihr Leben war in Gefahr. Man wußte heute nicht, ob morgen die ganze Familie noch frei sein würde. Im ganzen Land wurden plötzlich jüdische Menschen fortgeführt, und in den meisten Fällen hörte man nichts mehr von ihnen. Furcht stand hinter dem täglichen Leben der »Herrschaft«, und das hieß Verlust von Würde und Stolz. Eine Welt war zerbrochen von einer Tyrannei, wie sie Generationen nicht gekannt hatten. Die »Herrschaft« fühlte sich in die Schrecken des Mittelalters zurückversetzt. Die alten dunklen Legenden wurden als moderne Greuel erzählt. Es dauerte nicht lange, bis diese Erzählungen aufhörten, Erzählungen und Legenden zu sein, und für die »Herrschaft« brutale, scheußliche und unheimliche Wirklichkeit wurden.

Die Kellers

Wir hatten gerade unser Sabbatessen beendet. Was auch immer geschah, der Sabbat strahlte seinen vertrauten, friedvollen Glanz über unser Haus und unsere Familie aus. Wir waren noch alle zusammen, und Vater hatte die Hoffnung nicht aufgegeben, daß die neue Epoche, welche die Juden besonders hart traf, nur eine vorübergehende Episode sein würde. Fast zwei Jahre waren seit dem schicksalsvollen Tag im Januar 1933 vergangen, und es gab kaum Grund zu der Annahme, daß die neuen Männer ihre Macht, die sie so unbarmherzig ausübten, verlieren würden. Eine große Unruhe, die sich in den Reihen der NSDAP ausbreitete, ließ ein paar Monate früher, im Sommer 1934, die Herzen der »Herrschaft« höher schlagen und gab zu Spekulationen über die Dauer und Beständigkeit des Regimes Anlaß. Aber der Massenmord eigener Parteimitglieder, ja selbst eigener Freunde, den die Machthaber befohlen hatten, beendete plötzlich alle Hoffnung. Der »Herrschaft« war es überlassen, darüber nachzudenken, was ihr geschehen würde, wenn die Regierung, die ihr so feindlich gegenüberstand, so viele ihrer eigenen Leute töten ließ. Der Sommer war vorübergegangen, und nichts Besonderes war geschehen. Der Vorfall war bald vergessen, und man tat gut, sich nicht zu sehr daran zu erinnern. Vater lag bequem in seinem Schaukelstuhl, las seine Zeitung, aber fiel, wie es gewöhnlich am Sabbatnachmittag war, bald in Schlaf und wachte erst ein paar Stunden später auf, als es Zeit für Tee und Kuchen war. Mutter ruhte sich auf dem Sofa aus, und ich saß auf einem Teppich neben ihr und versuchte zu lesen. Meine beiden Schwestern hatten sich in ihr Zimmer zurückgezogen. Das eintönige Summen einer Fliege war das einzige Geräusch im Zimmer. Solang ich mich erinnern kann, liebte ich diese ruhigen, friedvollen Sabbatnachmittage.

Plötzlich flog die Tür weit auf. Walter Keller, in einem gutsitzenden grauen Anzug, stürmte in den Raum. Nichts von seinem üblichen Lächeln war in seinem Gesicht. Die Tür, die er zugeknallt hatte, schreckte Vater aus seinem Schlaf. Walter schien gar nicht zu bemerken, daß die Anwesenden sich im Zimmer ausruhten und gab uns nicht einmal, wie gewohnt, die Hand. Er wandte sich fast schreiend an meinen Vater: »Draußen steht mein Wagen, sie sind hinter mir her.« Ich bemerkte, daß er schwer atmete. »Ich habe einem dieser Lümmel und Halsabschneider der SA ins Gesicht geschlagen. Er nannte mich Judenschwein, und jetzt sind sie hinter mir her. Kann ich meinen Wagen in deiner Garage lassen? Ich gehe über die Grenze, nach Holland.«

Alle in der Familie waren nun hellwach. Jetzt hatte es uns zum erstenmal getroffen. Bisher hatten wir schreckliche Geschichten vernommen, hatten heftige Reden gegen das jüdische Volk im Radio gehört und furchterregende Artikel in den Zeitungen gelesen, aber jetzt war der erste von uns zwischen die Räder der neuen, unheimlichen Maschinerie geraten! Meine Eltern nahmen nicht einmal Anstoß daran, daß Walter am Sabbat mit seinem Wagen bei uns am Haus vorfuhr. Diese Tatsache, die in normalen Zeiten von meinen Eltern als grober Verstoß gegen ihre Religiosität angesehen worden wäre, schien jetzt nicht mehr erwähnenswert. Sie verstärkte nur den ungewöhnlichen Ablauf der Dinge, der Gefahren um und vor uns. In diesem Augenblick beneidete ich Walter, weil er dieses Land voller Angst verließ. Walter ging aus dem Haus. Wir hörten einen Motor aufheulen. Vater sagte: »All das an einem Sabbat«, und als ob er sich selbst die Antwort geben würde, »ich nehme an, so wird es von jetzt an sein.« Walter verabschiedete sich eilig.

Am nächsten Tag holte sein jüngerer Bruder Ernst den Wagen ab. Er erzählte uns, daß Walter vor ihrem Haus gestanden hatte, um zu seiner Braut Rosa Lucas zu gehen, die im nahen Warden wohnte. Der Sohn eines Bauern, den Walter seit seiner Kindheit kannte, ging in seiner braunen SA-Uniform vorbei. Walter drehte seinen Kopf zur Seite, als sähe er ihn nicht. Der junge Mann fühlte sich in seinem neuen Anzug sehr überheblich, und dreist verhöhnte er Walter: »Du Judenschwein.« Im selben Augenblick hatte der junge Mann Walters Faust im Gesicht. Als er sich endlich aus Walters Umklammerung befreit hatte, rannte er die Straße hinauf und schrie zurück: »Dafür wirst du zahlen, du und deine stinkige Rasse.«

Kaum war Walter mit seinem Wagen verschwunden, als ein ganzer Trupp sich dem Haus näherte. Aber die Leute in der Straße sagten ihnen, daß Walter im Wagen fortgefahren sei. Das geschah im Herbst 1934, und die SA-Leute hatten zu der Zeit noch nicht genug Mut, in das Haus einzudringen, wie sie es ein paar Jahre später getan hätten. Walter ging nach Holland, und seine Braut Rosa folgte ihm bald. Sie heirateten und eröffneten eine Metzgerei in Kerkrade, einen Katzensprung von der deutsch-holländischen Grenze entfernt. Da Walter sein Handwerk gut verstand, von frühmorgens bis spät in die Nacht schwer arbeitete und sparsam war, führten er und seine Frau bald ein angenehmes Leben. Sie fühlten sich sicher und glaubten, daß sie eines Tages wieder zurückkehren könnten.

Zu dieser Zeit war es noch leicht, die Grenze in beiden Richtungen zu überqueren, und so konnte Walters Familie oft zu Besuch kommen. Für die alternden Eltern war es eine große Freude, als Rosa ein Töchterchen bekam. Josef Keller hatte seit langer Zeit aufgehört, freitags morgens Fleisch zu liefern. Bald nach der Machtübernahme der neuen Regierung verbot diese das rituelle Schächten und drohte mit schweren Strafen dem, der auf diese Weise noch Vieh tötete. Offiziell wurde für jene Maßnahme als Grund angegeben, daß die jüdische Methode unmenschlich sei, daß das Tier unnütz leiden müsse. Aber Jagen und Schießen wurden sehr gepflegt, und einer der neuen Führer wurde auf unzähligen Fotos mit frischgeschossenem Wild um sich herum gezeigt. Allerdings von der Jagd auf tausend leidende und gequälte Menschen wurden keine Bilder gezeigt. Von diesen zogen es viele vor, sich selbst den Tod zu geben, anstatt in die Hände der unbarmherzigen Peiniger zu fallen. Wir hörten eines Tages, daß Ernst Keller, Walters jüngerer Bruder, auch nach Holland geflüchtet sei. Ernst hatte keinen Nazi geschlagen, er hatte nur einem von ihnen, einem jungen Mann aus dem Dorf, eine Tracht Prügel angeboten. Der junge Nazi hatte die unflätigsten Ausdrücke Ernsts Schwester gegenüber gebraucht, als diese die Dorfstraße hinunterging. Seitdem Walter einen der Nazis geschlagen hatte, suchten diese die erstbeste Gelegenheit, die Söhne der Kellers ihre neue unbestrittene Macht fühlen zu lassen. Ein paar Stunden nach diesem Ereignis wurde Ernst gewarnt, das Dorf schnell und unauffällig zu verlassen. Ernst zögerte. Es ging gegen seine ganze Natur, wie ein Feigling davonzurennen. Aber die Tränen und die Bitten seiner Mutter entschieden sein Verhalten. Ernst gelang es, die Grenze früh genug zu überqueren und zu seinem Bruder zu entkommen.

Anni und Herta, die beiden Töchter, die zu Hause lebten und das Tuchgeschäft führten, welches die Kellers neben ihrer Metzgerei hatten, heirateten. Ihre Männer waren Metzger, und beide gingen nach Holland. Herta, die jüngere der beiden Schwestern, wohnte in Holland in derselben Gegend wie ihr Bruder Walter. Anni und ihr Mann hingegen wanderten nach Palästina aus. So offenherzig wie das holländische Volk auch war, als die ersten Opfer der Unterdrückung kamen, um Unterkunft zu suchen, so zögerten sie nach und nach, diesen Menschen für dauernd Aufenthalt zu gewähren. Jedenfalls waren all diese Leute Juden, und selbst die Niederländer, die jetzt soviel über deutsche Juden hörten und lasen, glaubten, daß es deren Millionen gäbe, die aus dem Land ihrer Unterdrückung fliehen und versuchen wollten, in ihrem kleinen Holland eine neue Heimat zu finden. Die

ganze Welt war sich nicht bewußt, daß es kaum mehr als eine halbe Million Juden gab, die vor den Greueln in dem Land, in dem sie seit Generationen gelebt hatten, fliehen wollten.
Anni und ihr Mann eröffneten in Jerusalem eine Metzgerei und verließen sich darauf, davon leben zu können. Sie hatten Erfolg. Die beiden ältesten Kinder von Josef und Hanna Keller wohnten noch in Aachen. Die ältere Tochter war mit einem Tuchhändler verheiratet, und obwohl ihr Geschäft noch gut ging, machten sie Pläne, nach Südamerika auszuwandern. Leo Keller, der älteste Sohn, hatte sich nicht geändert. Er war noch genauso gut angezogen wie immer. Er besuchte seine Eltern in Hoengen ein- oder zweimal wöchentlich, wie es seit Jahren seine Gewohnheit war, und kümmerte sich mehr denn je um sie. Es ging ihm in seinem Tuchgroßhandel noch gut, und er konnte sich auch noch einen Wagen halten. Aber auch er fragte sich, was zu tun sei.
Eines Tages, ein paar Monate nach der sogenannten Kristallnacht, die gegen die Juden im ganzen Land inszeniert wurde, um mit Kraft zu zerbrechen, was die Regierung durch Unterdrückung und wirtschaftliche Zurücksetzung nicht fertigbrachte, fuhren Leo Keller und seine Frau im Wagen über die Grenze nach Belgien und warteten dort auf die Erlaubnis, in die Vereinigten Staaten von Amerika zu gehen. Der Schrecken der Kristallnacht und der nahende Krieg hatten die letzte Hoffnung all der alten Menschen, die letzten Jahre ihres Lebens in dem Lande, in dem sie geboren waren, verbringen zu können, zerstört. Wurden nicht Menschen mit weit über 70 Jahren während der Kristallnacht in Konzentrationslager verschleppt, alte Leute aus ihren Häusern und Wohnungen vertrieben? Um diese Zeit verließen Josef Keller, ein Mann von 72, und seine Frau von fast 70 Jahren ihr großes Haus im Dorf. Hier waren ihre sechs Kinder geboren, die der Lebensinhalt und das Streben ihrer Eltern gewesen waren. Das Haus hatte Freude und Leid der Kinder gesehen, ein Haus, das stolz auf seine Gastfreundschaft sein konnte. Gras begann zwischen den Steinen im leeren Hof zu sprießen. Das Schlachthaus war seit Jahren nicht benutzt worden. Der schwere Holzblock stand noch in der Mitte, von seinen Fettflecken sauber geschrubbt. Die Schlafzimmer oben waren unbenutzt, aber die Betten waren noch bezogen. Es sah aus, als ob sie darauf warteten und die Hoffnung nicht aufgegeben hätten, wieder benutzt zu werden. Diese Hoffnung wurde nie erfüllt. Jetzt war es für immer vorbei. Josef Keller und seine Frau gingen nach Holland. Dort

konnten sie wenigstens bei einigen ihrer Kinder leben. Ihr Dorf, ihr Haus waren nur eine Stunde Straßenbahnfahrt von der kleinen Stadt entfernt, in der sie jetzt lebten. Aber die Grenze war dazwischen. Sie hatten die Grenze in einer Richtung überqueren können, aber ein Zurück gab es nicht. Sie konnten nur hoffen, daß diese Grenze sie vor den brutalen Mächten, die auf der anderen Seite herrschten, schützen würde, daß sie den Lebensabend hier bei ihren Kindern ruhig verbringen könnten.

Die Elkans

Kurz bevor das schicksalhafte Jahr 1933 seinen verhängnisvollen Lauf nahm, vergrößerte sich die Familie Hermann Elkans um einen tüchtigen Menschen. Die älteste Tochter Hilde heiratete den Sohn eines Viehhändlers aus Aachen. Josef Wolf, oder, wie man ihn allgemein nannte, Jupp Wolf, paßte ausgezeichnet in die Gemeinschaft der »Herrschaft«. Unermüdlich und fleißig bei seiner Arbeit, war er ein herzensguter Mann, was sich in dem halb gütigen, halb scheuen Lächeln seines Gesichtsausdruckes zeigte.
Jupps Eltern kamen ursprünglich aus einem Dorf in der Nähe der Stadt und sprachen unter sich jedoch den Dialekt der Gegend, ein Gemisch von verderbtem Hebräisch und Plattdeutsch. So merkte Jupp sehr bald, daß er zu der »Herrschaft« gehörte. Jupps Familie hatte seit langem mit der jüdischen Tradition gebrochen, was den zukünftigen Schwiegereltern zunächst etwas Sorge bereitete. Tante Emma erinnerte sich jedoch der Zeit, als sie ihren Mann kennenlernte. So bat sie ihn, mit seinem Schwiegersohn so zu lernen, wie sie es vorher mit ihm getan hatte. Er solle dem jungen Mann soviel an jüdischem Wissen vermitteln, daß er in der Lage sei, in der Synagoge und in der Gemeinde der »Herrschaft« seinen Mann zu stehen. Wie Hermann Elkan früher von seiner Frau belehrt wurde, so nahm er sich jetzt einen Teil seiner Zeit, um seinem Schwiegersohn soviel beizubringen, wie er selbst wußte. Hermann Elkan war sehr stolz, als sein Schwiegersohn in der Synagoge von Langweiler zum erstenmal das Vorlesepult betrat, um den Segensspruch über die Thora vor der ganzen aufmerksam lauschenden Gemeinde zu sprechen. Man erzählte sich sogar, daß Jupp Wolf nur noch koscher aß und selbst in seinem

Elternhaus nur das zu sich nahm, was den jüdischen Speisegesetzen entsprach.
Hermann Elkan und sein Schwiegersohn waren beide Viehhändler und arbeiteten von nun an zusammen und verdienten durch die Zusammenlegung der beiden Geschäfte recht gut. Es dauerte lange, bis Hermann Elkan begriff, daß er nicht mehr so weiter arbeiten konnte wie bisher. Er sagte deshalb auch jedem, daß diese Regierung nicht lange dauern könne, daß das Land vor einem finanziellen Ruin stehe und daß deshalb die neuen Führer wieder dort landen würden, woher sie gekommen seien. Er weigerte sich einfach, Furcht und Verzweiflung nachzugeben. Bisher hatte ihm niemand etwas getan, und solange er sich streng an die unzähligen neuen Gesetze hielt, würde er vielleicht den ganzen Alptraum überstehen und überleben.
Er war nicht einmal furchtsam, als eines Tages zwei Männer der Geheimen Staatspolizei in sein Haus kamen und nach Waffen suchten. Die beiden Männer benahmen sich vollkommen korrekt, fast höflich, und gingen mit Hermann Elkan durch das Haus und warteten, bis er Schubladen und Schränke öffnete. Aufrecht und würdevoll ging er durch sein Haus. Die Männer folgten ihm. Bevor sie anfingen zu suchen, sagte Hermann Elkan zu ihnen: »Meine Herren, ich habe nichts zu verbergen, bitte tun Sie Ihre Pflicht.« Die Männer versicherten ihm, daß sie nur das tun würden. Es war viel später, als Hermann Elkan – und in Wirklichkeit wir alle – erfuhren, daß während solcher Durchsuchungen diese Leute selbst Waffen und belastende Literatur irgendwo hinlegten, um sie danach schnell zu finden. Dadurch war die rechtliche Handhabe für Arrest und Beschlagnahme von Eigentum schnell gegeben. Nichts dergleichen fand bei dieser Gelegenheit statt. Die Männer gingen korrekt, ja fast höflich fort, wie sie gekommen waren.
Nur die Familie, die in der Küche saß und wartete, fühlte zum erstenmal die Schatten der Gefahr und Verfolgung. In früheren Zeiten wäre es eine untragbare Schande gewesen, wenn die Polizei das Haus durchsucht hätte. Wäre es möglich, daß sie ab jetzt von der Gestapo besonders beobachtet würden, sie, die mit den Gesetzen, solange sie lebten, nie in Konflikt gekommen waren?
Das große jüdische Geschäft in Aachen, in dem Walter Elkan arbeitete, mußte mehr und mehr seine jüdischen Angestellten entlassen. Bald war auch Walter, der einzige Sohn von Hermann und Emma,

arbeitslos. Ein paar Wochen lang arbeitete er zu Hause und kümmerte sich um das Vieh. Schließlich erreichte er, daß sein Vater ihm sowohl die Erlaubnis gab, Autofahren zu lernen, als auch das Land zu verlassen. Hermann Elkan wollte immer noch nicht wahrhaben, daß dies nötig sei. Aber die Beschränkungen, die seinem Geschäft mehr und mehr auferlegt wurden, ließen ihn mit halbem Herzen einwilligen. Nach kurzer Zeit wanderte Walter nach Palästina aus und arbeitete dort als Lastwagenfahrer.
Es dauerte lange, bis Hermann Elkan sich damit abfand, daß sein Sohn Arbeiter geworden war. Und dann gab Hermann Elkan den Kampf auf. Es war nicht, weil sein Sohn das Land verlassen hatte und vielleicht nicht einmal, weil es ihm fast unmöglich war, sein Geschäft weiterzuführen. Es war die Tatsache, daß die deutschen Truppen in das entmilitarisierte Rheinland einmarschiert waren. An dem Tag, an dem dies stattfand, kamen Hermann und Emma uns in Aachen besuchen, um zu sehen, was sich wirklich ereignete. Während des Nachmittagskaffees erklärte Hermann nachdrücklich, daß Frankreich und England eine solche Beleidigung nicht hinnehmen würden. Sie würden das ganze Rheinland besetzen, und dies würde das Ende der Regierung sein. Das war nicht nur Hermanns Meinung. Die ganze »Herrschaft« teilte sie, und viele nichtjüdische Mitbürger waren ebenfalls davon überzeugt. »Walter könnte genausogut wieder zurückkommen«, sagte Hermann, »und die Kinder in Holland werden auch bald hier sein, das kannst du mir glauben.«
Die Zeit ging vorbei und nichts geschah. Das Rheinland war zwar von Militär besetzt, aber weder von französischem noch von englischem, und bald ging überall das Gerücht, daß große Befestigungen längs der belgischen und holländischen Grenze gebaut würden. Ein paar Monate waren vergangen, als Hermann Elkan plötzlich in seinem guten Anzug bei uns erschien. »Nun ja«, erklärte er mit starker Betonung, »ich komme gerade aus Köln zurück und habe für die ganze Familie ein Einwanderungsvisum nach Argentinien beantragt. Dort werden wir eine Farm kaufen. Emma und ich sind noch stark genug, um zu arbeiten und von neuem anzufangen. In Jupp werden wir eine sehr wertvolle Hilfe haben. Die Mädels werden helfen, und vielleicht wird Walter auch kommen. Dann kann er sein eigener Herr auf seinem eigenen Grund und Boden sein und braucht keine Lastwagen für andere zu fahren.« Und so war es entschieden. Die Elkans würden nach Argen-

tinien gehen. Es dauerte aber noch zwei Jahre, bevor sie wirklich in ihre neue Heimat abreisen konnten. Inzwischen verschlimmerte sich die Lage zu Hause zusehends. Sie mußten ihr Geschäft aufgeben und hatten nur noch ein paar Kühe. Aber das war nicht genug, um Männer wie Hermann und seinen jungen, energischen Schwiegersohn zu beschäftigen. Glücklicherweise war genug zu tun in Verbindung mit dem Verkauf des Hauses und dem Einkauf von Dingen, die sie mitnehmen wollten. Die älteste Tochter, die mit Jupp verheiratet war, blieb bei Tante Emma zu Hause. Die beiden Jüngeren, Hella und Erna, fanden noch Arbeit bei jüdischen Familien in der Stadt.
Für Hermann Elkan war hier nicht mehr die Heimat. So sehr er vor einem Jahr noch bleiben wollte, so sehr bemühte er sich jetzt darum fortzukommen und so schnell wie möglich dem Ganzen den Rücken zu kehren. Ende 1937 sah es allerdings so aus, als ob ihre Pläne, in Argentinien eine Farm zu kaufen, sich zerschlagen würden. Es war für die ganze Familie eine verzweifelte Situation. Alle Abmachungen für ihre Auswanderung waren abgeschlossen, da schien es plötzlich, als ob sie in ihrer Heimat bleiben müßten, von der sie sich innerlich schon losgesagt hatten und in die sie niemals wieder zurückkehren wollten. Onkel Hermann saß in unserem Haus und trank seinen Kaffee, wie er es immer tat, wenn er in der Stadt war. An diesem Nachmittag war auch Onkel Michael gekommen. Onkel Hermann sah sehr beunruhigt aus, seine Stirn war in tiefe Falten gelegt. So hatte ich ihn noch nie gesehen. Eine Atmosphäre von Verzweiflung herrschte in dem Raum. Alle nur möglichen Vorschläge wurden von meinem Vater und Onkel Michael gemacht, aber helfen konnte keiner. Nach einem längeren Schweigen fragte Onkel Michael: »Und was wirst du tun, wenn der Argentinienplan ins Wasser fällt?« Für einen Augenblick schaute Onkel Hermann etwas verärgert auf. Irgendwie erwartete ich, daß er sagen würde, nun, was können wir tun, nichts. Aber so sagte er es diesmal nicht. Nach kurzem Zögern nahm er eine starre Haltung an. »Ja, ich will es euch sagen, wenn wir nicht nach Argentinien gehen können, werden wir etwas ganz anderes tun, wir werden hierbleiben.« Er sagte das im Ton eines Befehlshabers in der Schlacht, der die schwerste und letzte Entscheidung gefällt hat, seine Stellung bis zum bitteren Ende zu halten und wußte, daß sie verloren war. Diese Antwort hatte natürlich keinen Sinn, sie hatten ihr Heim nicht aufgegeben, um hierzubleiben. Obwohl Hermann Elkan diese Ant-

wort mit sehr viel Festigkeit und Entschiedenheit gegeben hatte, wußten wir alle, daß es das größtmögliche Zugeständnis von Verzweiflung und Niederlage war, das dieser starke, stolze und unabhängige Mann je gemacht hatte. Hermann Elkan kämpfte jedoch weiter. Zu dieser Zeit war er schon Großvater. Jupp und Hilde waren Eltern eines Jungen und eines Mädchens. »Wenn Gott mich leben läßt, schaffe ich es, daß sie auswandern können«, pflegte er zu sagen und blickte die beiden Kleinen zärtlich an.

Und so führten Hermann Elkan und seine Familie ihren Kampf grimmig und mit Entschiedenheit weiter. Sie mußten die Schrecken der Kristallnacht 1938 noch miterleben. Aber ein paar Monate bevor der Krieg ausbrach, erhielten wir von unserer Cousine Hella aus England einen Brief. Die ganze Familie Elkan war auf einem Schiff nach Argentinien unterwegs.

Die »Herrschaft« hatte nie an dem politischen Kampf der Parteien, die es vor 1933 im Land gab, teilgenommen. Nicht, daß sie uninteressiert war oder teilnahmslos dem politischen Aufruhr und Zank gegenüberstand, von denen die politische Szene in den schicksalhaften Jahren nach dem Krieg beherrscht wurde. Die »Herrschaft« hatte ein festes und scharfsichtiges Urteil über den allgemeinen politischen Trend und die Auswirkungen, die er auf ihr tägliches Leben haben könnte. Wenn sie ihre Stimmen abgaben, war es für die gemäßigten Parteien, deren politisches Ziel die Beständigkeit und Befriedigung des Landes war, Parteien, die zu keinem Extrem neigten, dem einzelnen die Freiheit ließen und die kämpfenden Hitzköpfe von links und rechts zur Vernunft bringen wollten. Darüber hinaus waren sie vorsichtig genug, sich von allen politischen Aktivitäten, ja selbst Äußerungen, fernzuhalten. Je näher die gefürchteten Ereignisse von 1933 kamen, um so besorgter wurde die »Herrschaft« in Anbetracht der politischen Entwicklung darüber, Jude zu sein.

Wie in der allgemeinen Politik, so hatten sie sich auch nie an politischen Diskussionen über das jüdische Schicksal beteiligt. Über das Geschick der Juden und ihre Zukunft wurden sie im Rhythmus ihres jüdischen Lebens zu Hause, in der Synagoge und in allem, was das einschließt, ausreichend unterwiesen. Ideologische Diskussionen drehten sich um die Frage, ob die Juden ein Volk oder nur eine Religion seien. Ob Sozialismus oder Zionismus die Probleme für die Juden lösen könnten, war für die »Herrschaft« kein Thema. Palästina

war für die »Herrschaft« nie eine politische Lösung. Von dort kamen ihre Vorfahren, und in den fernen Tagen des Messias würden ihre späten Nachkommen dorthin zurückkehren. Aber jetzt hatten sie mit Freuden feststellen können, daß lange bevor der Messias das jüdische Volk in sein altes Heimatland führen würde, junge Männer und Frauen dorthin gegangen waren, um Bauern zu werden und das Land aufzubauen. Darauf, daß jüdische Bauern im Heiligen Land waren, konnte man sicherlich stolz sein, und es gab der »Herrschaft« ein stärkeres Gefühl von Kraft.
Als 1929 Juden von arabischen Aufrührern ermordet wurden, fühlten sie sich wirklich eins mit ihren Brüdern dort und versuchten, wenn auch nur mit Geld, zu helfen. Es war für das Denken der »Herrschaft« keine große Umstellung, als nach 1933 Palästina mehr und mehr in das Blickfeld ihres Interesses rückte. Hermann Elkan hätte Palästina vorgezogen, hätte in seinem Falle Argentinien nicht eine schnellere Einwanderungsmöglichkeit angeboten. Die Verantwortung seiner Familie gegenüber hatte ihn so entscheiden lassen, wie er es getan hatte. Wenn wir zusammen saßen, erwähnte er immer wieder, wie sehr er es vorgezogen hätte, nach Palästina zu gehen.
Die »Herrschaft« erfuhr in der nun folgenden Zeit noch sehr viel mehr über den Aufbau Palästinas, dieses alten, jetzt neuen Landes. Eine starke, stolze und unabhängige Generation wuchs dort auf. Eine rein jüdische Stadt breitete sich schnell aus. Starke Männer bebauten Land und gründeten landwirtschaftliche Anwesen und Siedlungen. Vieles, was die »Herrschaft« hörte, war ihr in dem Leben, das sie bisher geführt hatte, vertraut. So wurde Palästina für die »Herrschaft« das Land, wohin Menschen mit offenen und opferbereiten Herzen gingen.

Die Lucas

Das Haus von Selig, dem Bruder meines Vaters, war fast leer, als die Vernichtung der Gemeinde der »Herrschaft« im Jahre 1933 begann. Selig Lucas starb einige Jahre vorher. Sein ältester Sohn Leo, der die Vergißmeinnicht so sehr liebte und sie in seiner wenigen Freizeit abends zeichnete, mußte in eine Nervenheilstalt gebracht werden, wo auch er bald darauf starb. Nachdem ihre beiden anderen Kinder das

Land verlassen hatten, verließ Seligs Frau das Haus, um in ihrer Heimatstadt bei ihren Brüdern und Schwestern zu leben. Der Sohn, der einst ein sehr vielversprechender Schüler in der höheren Schule war, wanderte nach Palästina aus. Die Tochter des Hauses, jetzt verheiratet, ging mit ihrem Mann kurz vor Ausbruch des Krieges nach Südamerika, wo sie die ebenfalls dorthin ausgewanderte Familie Elkan traf. Obwohl Tante Susanna das Land nie verließ, verschwand sie ganz aus dem immer kleiner werdenden Kreis der »Herrschaft«.

Der andere Bruder meines Vaters, Michael Lucas, wurde von der wirtschaftlichen Einschränkung, die die neue Regierung in steigendem Maße den Juden auferlegte, nicht sehr berührt. Er hielt sich ein paar Kühe, aber das war mehr eine Gewohnheit als eine Notwendigkeit. Sein Schwager, ein sehr reicher Mann, half Michael soviel wie nötig, sein Haus und seine Familie auf demselben anspruchslosen Lebensstandard zu halten wie in den Jahren zuvor. Es war für Michael ein schwerer Schlag, als die neue Regierung das rituelle Töten von Tieren verbot. Er hatte in vorgerücktem Alter schwer dafür gearbeitet, das nötige Wissen über das Schächten zu lernen. Schwere Strafen bedrohten den alternden Mann, wenn er fortfahren würde, Tiere so zu töten, daß es ihm nach jüdischem Gesetz erlaubt wäre, Fleisch zu essen und es seinen Glaubensbrüdern zu verkaufen.

So führte Michael diese religiöse Arbeit heimlich aus. Nach Anbruch der Dunkelheit schlich er sich die Straße hinunter zu Josef Kellers Haus und schächtete in dem jetzt kaum benutzten Schlachthaus ein Kalb. Wenn das Fleisch vorbereitet war, machte er ein Paket und brachte einen Teil auch zu uns in die Stadt. Aber er mußte sehr vorsichtig sein. Man hatte schon von Leuten gehört, die für eine solche »Tierquälerei« ins Konzentrationslager geschickt wurden, und die Bauern warteten nur darauf. Wie hätte das junge Volk sich gefreut, einen jüdischen Kriminellen den neuen Machthabern überliefern zu können. Deshalb mußte Michael seine heimlichen nächtlichen Besuche in Kellers Schlachthaus einstellen. Gelegentlich kam er in unser Haus in der Stadt und schlachtete ein paar Hühner. Das war zu der Zeit das einzige Fleisch, was wir noch essen konnten. »Gebt acht, daß die Magd nicht da ist«, warnte er immer wieder. Nachdem er sicher war, nicht gesehen zu werden, ging er in den Kuhstall, der zu der Zeit schon fast leer war.

Nachher saß er im Haus, den Kopf gesenkt und sprach sehr wenig, bis

meine Mutter Kaffee und Kuchen brachte, um ihn aufzumuntern. »Noch ist Polen nicht verloren«, pflegte sie zu sagen. Die Unterhaltung drehte sich dann um die Kinder in der Familie, die das Land schon verlassen hatten, was sie schrieben und wie es ihnen in ihrer neuen Umgebung ging. Michaels älteste Tochter war nach Palästina ausgewandert, und seine einzige Hoffnung war, daß er, seine Frau und seine zwei Kinder bald folgen könnten. »Ich würde alles hergeben, um nach Palästina zu gehen und in Jerusalem zu leben«, sagte er immer wieder, und nach einer kleinen Pause fügte er dann hinzu: »Aber was wird dann aus dem kleinen Schmuckstück, der Synagoge? Ja, was wird dann aus ihr?« »Gott wird helfen und wird dir einen Weg zeigen«, tröstete Mutter ihn. »Amen«, sagte Michael mit einem tiefen Seufzer, und mit etwas Hoffnung verließ er uns. So ging er seinen Weg, schweigend und alternd, aber kaum gebeugt.
Seine einzige wirkliche Freude in diesen Jahren war sein kleiner Sohn, der geboren wurde, als Michael schon 55 Jahre alt war. 1930 war der Junge gerade sechs Jahre alt. Der kleine Max zeigte, daß er ein Kind der »Herrschaft« war. Er war gesund und kräftig, lief in den Wiesen und im Hof herum, zerriß seine Hosen an den Hecken und verteidigte sich mutig gegen die Kinder des Dorfes. Aber bald mußte sein Vater ihn mehr und mehr zu Hause halten. Es war nicht mehr die Zeit für ein jüdisches Kind, sich zu verteidigen. Michael konnte nur den Kopf schütteln über die Zeit, die angebrochen war. Im ganzen gesehen war es im Dorf noch ruhig. Die Bauern verrichteten ihre tägliche Arbeit, und selbst als die Zeit fortschritt und die neue Regierung den Menschen mehr Zwang auferlegte, grüßten einige Bauern, wenn man sie traf. Auch in der »Herrschaft« wurde es ruhig. Viele der Kinder hatten das Land verlassen, und selbst einige der Alten dachten daran. Aber in der Zwischenzeit versuchten sie, soweit wie möglich ihre bisherige Lebensweise fortzusetzen. »Und wenn wir das Land nicht verlassen können, bleiben wir hier. Wir sind alte Leute. Was kann man uns tun? Wir brauchen nicht viel und wir stehen niemandem im Weg. Vielleicht ist es sogar besser, wenn wir bleiben, wo wir unser ganzes Leben verbracht haben. Hier haben wir noch ein Dach über dem Kopf, aber draußen werden wir Bettler sein, von anderer Leute Almosen abhängig. Nein, das könnten wir nicht ertragen.« Auf diese Weise debattierte die »Herrschaft«, wenn sie einander traf und versuchte, sich gegenseitig zu ermutigen. Diejenigen, deren Kinder schon fort

waren, gaben die Hoffnung nicht auf, sie alle wiederzusehen. »Vielleicht werden unsere Kinder uns zu sich kommen lassen oder, wer weiß, sie kommen zurück zu uns, wenn die Zeiten besser werden und weniger hoffnungslos sind als jetzt.« So lebten die Alten weiter, ermutigten sich gegenseitig und waren voller Hoffnung. Die Briefe, die sie von den Kindern erhielten, lasen sie einander vor, erzählten Geschichten über die Größe der Schiffe, mit denen die jungen Leute die Weltmeere überquert hatten, wie sie die Sprache des neuen Landes lernten und wie gut das Leben draußen war.

So ging das Leben weiter, auch für Michael Lucas, bis zu dem Tag, an den niemand im Traum gedacht hätte, und niemand konnte es fassen, bis alles vorüber war. Sie saßen auf den Trümmern ihres Lebens. Ihre Augen starrten ins Leere, jede Hoffnung war für immer vorbei. Es war der wohl dunkelste Tag in dem Leben von Michael Lucas und dem der ganzen »Herrschaft«.

Das ganze Dorf wußte kaum, was plötzlich geschehen war. Es war spät im Herbst und bitter kalt. Seit fast einer Woche hatten Graupelschauer die Straßen aufgeweicht. Die Straßenrinnen waren überflutet mit schlammigem Wasser. Durch das Radio hatte eine haßerfüllte Stimme bekanntgegeben, daß ein jüdischer junger Mann in Paris den deutschen Botschaftsangehörigen vom Rath erschossen hatte. Damit hätte das jüdische Volk der deutschen Nation den Krieg erklärt, und es würde ein Krieg sein bis zum bitteren Ende. Aber die meisten der »Herrschaft« hatten nicht gehört, was vorgefallen war. Nicht alle hatten ein Radio, und diejenigen, die im Besitze eines Apparates waren, stellten ihn nur noch selten an.

Als Michael am nächsten Morgen aufstand, standen Braunhemden vor seinem Haus. Das war etwas Ungewöhnliches, besonders, da sie schon einige Zeit dort standen, und es hatte nicht den Anschein, daß sie bald abziehen würden. So wagte sich Michael heraus und fragte so höflich wie möglich, ob irgend etwas nicht in Ordnung sei. »Allerdings«, antwortete einer der SA-Leute, »du kannst glücklich sein, wenn sie dich leben lassen. Weißt du nicht, daß ein Jude einen Deutschen erschossen hat? Für diese Herausforderung und Beleidigung müssen alle Juden bestraft werden.« Der Mann, fast noch ein Junge, den Michael als den Sohn eines Bauern aus dem Dorf kannte, fügte etwas weniger offiziell hinzu: »Ich kann dir nur raten, im Haus zu bleiben und dich nicht blicken zu lassen, was auch immer geschehen

mag. Zu deiner eigenen Sicherheit stehst du für die nächsten 48 Stunden unter Hausarrest.«
Michael und seine Frau verließen an diesem Morgen das Fenster nicht. Hinter den festzugezogenen Gardinen beobachteten sie die schrecklichen Vorgänge, die sich abspielten. Nach einer Weile wurde die SA durch Leute, die nicht uniformiert waren, verstärkt. Während sie schrien: »Nieder mit den Juden«, holten die Versammelten gleichzeitig Äxte und schwere Vorschlaghämmer hervor. Sie drängten auf die kleine Synagoge zu, die auf Michaels Wiese gegenüber seinem Haus stand, und sprengten die Tür auf. Die ganze Meute stürmte schreiend und lachend in das kleine Gotteshaus. Für Michael Lucas und die »Herrschaft« schienen die Verhältnisse des Mittelalters wieder anzubrechen. Michael stand hinter den vorgezogenen Gardinen und sah, wie die Menge die Heilige Lade weit aufriß. Drei Männer, die den Schrein zerschmettert hatten, warfen die Thorarollen hinaus. Sie warfen diese Rollen, die in blauen und weinroten Samt eingehüllt waren und kleine silberne Kronen hatten, der schreienden, grölenden Menge zu, die in die kleine Synagoge eingedrungen war. Die Leute fingen die Rollen auf und amüsierten sich damit wie bei einem Ballspiel, bis sie die Straße draußen erreicht hatten. Frauen zogen die blauen und weinroten Hüllen ab, und jeder versuchte, etwas von dem Silber zu erhaschen. Entkleidet und offen lagen die Rollen auf der schlammigen Straße. Kinder traten darauf, und andere rissen Stücke aus dem feinen Pergament, auf das die Gesetze Moses geschrieben waren. Was sie jetzt zerrissen, waren die zehn Gebote, nach denen die Menschheit über 2000 Jahre versucht hatte zu leben.
Als die erste Thorarolle aus der Synagoge geworfen wurde, lief Michael zur Türe. Sein Herz schlug heftig, und sein Bewußtsein schien wie umnebelt. Eine unbekannte Wut stieg in ihm auf, und er drückte seine geballten Fäuste gegen seine Schläfen. Michael vergaß, daß er ein toter Mann wäre, wenn er einen Fuß aus dem Haus in die Menge setzen würde. Die SA, die noch vor dem Haus stand und mit steinerner Miene über die lärmende Menge wachte, die, ohne es wirklich zu bemerken, ihren Befehlen gehorchte, hätte den Mann ruhig und wie selbstverständlich niedergeschossen.
Michaels Frau sah die tödliche Gefahr, rannte hinter ihrem Mann her und klammerte sich an ihn, flehte und bat ihn inständig, nicht hinauszugehen. Michael versuchte, sie zur Seite zu stoßen, aber ihr starker

Widerstand brachte ihn wieder zur Besinnung. Er stand da in dem kleinen Flur hinter der Haustür, schaute eine Sekunde lang um sich, als ob er nicht wüßte, wo er wäre. Er fiel gegen die Wand, und Tränen strömten ihm aus den Augen wie einem kleinen Kind. Seine geballten Fäuste öffneten sich, und seine Arme und Hände hingen wie leblos herab. Dann erst sah er die Tränen seiner Frau und seiner Tochter, sah seinen kleinen Jungen, der nahe bei ihm stand, mit vor Entsetzen weitgeöffneten Augen. Michael ließ sich zurück ins Zimmer führen wie ein Mann, der aus einer tiefen Ohnmacht erwacht.
Erst als er auf der Kante eines Stuhles saß, erreichte das Grölen und Schreien des Pöbels von draußen wieder seine Sinne. Nach einer Weile drangen die Schläge von Hämmern und Äxten an sein Ohr. Mit zitternden Knien stand er von seinem Stuhl auf und schaute nochmals nach draußen. Männer waren auf das Dach der Synagoge geklettert und warfen die Dachziegel hinunter. Andere zerschlugen die Balken, sobald sie freigelegt waren. Es dauerte nicht lange, bevor die ersten schweren grauen Steine hinunterfielen, und die Kinder des Dorfes vergnügten sich, mit den Steinen die vielen bunten Fenster zu zertrümmern. Als die ersten Strahlen einer kalten und fahlen Novembersonne durch die lichten, dunklen Wolken brachen, war die kleine Synagoge nur noch ein Haufen von Steinen, zerbrochenem Glas und zertrümmertem Holz. Auf den gepflegten Blumenbeeten, zwischen denen ein Kiesweg zur Synagoge führte, hatten die Kinder ein Feuer angezündet. Das Pergament der Rollen gab den Flammen genug Nahrung, um auch Bänke und Türen sowie das Holz, welches nur einen Tag vorher noch der Heilige Schrein für die Gesetzesrollen gewesen war, in Brand zu setzen.
Mittag war längst vorbei, aber Michael saß und starrte ins Leere. Manchmal wischte seine Hand die Tränen fort, die weiter sein aschfahles, schmerzverzerrtes Gesicht hinunterliefen. 12 Jahre zuvor hatte die »Herrschaft« ihre eigene Synagoge gebaut, stolz auf ihre Unabhängigkeit und voll Vertrauen in die Zukunft ihrer Gemeinschaft. Ein Haufen von Schutt und Asche war übriggeblieben. 12 Jahre vorher säumten die Bauern und ihre Kinder stumm den Weg, über den die Gesetzesrollen zu ihrem neuen Gebetshaus getragen wurden. Jetzt waren dieselben Bauern und ihre Kinder von wildem Haß und von Zerstörungswut erfüllt.
Ich sah Michael Lucas nur noch einmal, bevor ich das Land verließ. Er

saß in unserem Haus, seine Hände lagen wie leblos auf den Knien, sein Kopf war vornübergebeugt und sein Antlitz war das eines hilflosen und geschlagenen Kindes. Von Zeit zu Zeit hob er seine Augen zum Bild seiner Mutter, meiner Großmutter, an der Wand. Er schüttelte seinen Kopf langsam und sagte müde: »Du kannst mir jetzt auch nicht mehr helfen, Mütterchen, aber bald werde ich bei dir sein.«

Max Voss

Am selben Tag, an dem die neue Synagoge der »Herrschaft« in Hoengen zerstört wurde, wurde auch die traditionelle Synagoge der »Herrschaft« in Langweiler in Schutt und Asche gelegt. Als der letzte Stein herunterfiel und die Flammen, die die Thorarollen verschlungen hatten, niedergebrannt waren, war auch das Feuer in Max Voss erloschen. Der mächtige, aufrechte Mann, der die heilige Rolle aus dem Schrein genommen hatte und sich mit einem fast verklärten Lächeln auf seinem Antlitz der Gemeinde zugewandt hatte, dieser Mann, dessen volle, tiefe Stimme die Synagoge ausfüllte, war tot. Der Mensch Max Voss, der in seinen schäbigen und abgetragenen Kleidern noch weitervegetierte, war ein müder und geschlagener Mann. Die Falten in seinem Gesicht hatten sich vertieft, und es schien, als ob die Leiden seine Schultern noch mehr gebeugt hätten. Seine Kinder hatten das Land verlassen. Er saß mit seiner Frau allein in der kleinen Küche und wartete, bis aller Schmerz, alles Leid und alle Sinnlosigkeit in der Stille des Todes enden würden.

Tante Rosal

Die Zerstörung der beiden Synagogen erlebte Tante Rosal noch in dem alten, ruhigen Haus am Ende der Dorfstraße, dem Haus, in dem meine Großeltern gelebt, gearbeitet und ihre neun Kinder aufgezogen hatten. Der Sturm, der in diesen Novembertagen des Jahres 1938 über die »Herrschaft« hinwegfegte, drang nicht in ihr Haus ein. Sie war damals eine Frau von 74 Jahren, und der Posten der SA, der vor ihrem Haus stand, ängstigte sie nicht. Nachdem sie an diesem Morgen aufgestanden war und gefrühstückt hatte, wollte sie wie gewöhnlich

hinüber zu Kellers gehen, um ihnen zu sagen, wie schlecht und krank sie sich fühle und daß sie kaum etwas gegessen hätte. Als sie die kleine Tür in dem großen Tor öffnete, sagte ihr die barsche Stimme eines SA-Mannes, daß sie, die alte Jüdin, vorläufig im Haus zu bleiben habe. Tante Rosal warf einen kurzen Blick des Erkennens auf ihn. Jawohl, dieser junge Mann in Uniform war der Sohn eines Bauern, der ein paar hundert Meter weiter wohnte. »Was, du Schwindler, du junger Lümmel, du Faulenzer, du willst einer alten Frau Befehle geben? Geh heim und sag deiner Mutter, sie soll dir den Hintern versohlen, oder ich werde es tun.«
Das Gesicht des jungen Mannes wurde feuerrot. Ein paar Dorfbewohner, welche die Beschimpfungen, die auf das Haupt des jungen SA-Mannes niedergingen, mit angehört hatten, grinsten, wagten aber nicht, laut zu lachen. Boshaftigkeit zeigt sich immer, wenn Leute von Rang und Macht oder in respektheischender Uniform in ihrer menschlichen Schwäche oder Hilflosigkeit getroffen werden. Einer der Dorfbewohner ging zu der empörten Tante Rosal, um teils durch Überredung, teils durch langsames Gegen-das-Haus-Ziehen einen weiteren, ernsthaften Zwischenfall zu verhindern. Man kann sich unschwer vorstellen, was der wütende junge Mann mit der alten Frau getan hätte. So blieb Tante Rosal im Haus, bis die fürchterlichen Ereignisse dieses Tages vorbei waren.
Ein neuer, freudloser Morgen war über den Ruinen der Gemeinde und ihrer Synagoge aufgegangen. Tante Rosal ging zu Kellers und von Kellers zu Lucas' und weiter zu Elkans. »Diese Lümmel und Diebe haben mich festgehalten. Sie hielten mich im Haus wie eine Kriminelle. Hat die Welt so etwas je gehört?« Sie weigerte sich, sich beruhigen oder trösten zu lassen. »Unser armer Michael sitzt zu Hause und tut gar nichts. Er sitzt nur da und schüttelt den Kopf. Auch ißt er nichts. Aber wartet nur, diesen Halsabschneidern wird man noch beikommen. Die sind auch noch nicht ›langs Schmitz Backes‹ (ein altes Sprichwort der Gegend, welches besagt, daß jemand, der etwas getan hat, noch lange nicht am Ziel ist). Die Franzosen werden kommen, wie sie in den Tagen meines Großvaters, er ruhe in Frieden, gekommen sind, und diesen schamlosen Räubern zeigen, daß Gott noch die Welt regiert.«
Tante Rosal ging in ihr einsames Haus zurück, aber besuchte weiterhin die »Herrschaft« und ging auch noch ins Dorf und sogar darüber

hinaus, um Geld zu kassieren, das Leute ihrem geliebten Bruder Michael schuldeten. »Ich werde das Geld von ihnen bekommen. Sie essen das Fleisch, und jetzt werden sie dafür bezahlen, Hitler oder nicht Hitler. Michael ist ein so gutmütiger, hilfloser Mensch, und Gott weiß, was ihm passieren würde, wenn ich nicht wäre.« Diese letzte Bemerkung hatte Tante Rosal immer wieder gemacht, seit Michael seine Frau Sofie, diese modische Stadtdame, geheiratet hatte.
Ein Jahr vor ihrem Tod, sie war damals 75, ging Tante Rosal bis in ein Dorf, welches zwei Stunden entfernt war, und wieder zurück. Natürlich verschwieg sie der »Herrschaft« nichts davon. »Ja, ja, auf meine alten Tage muß ich noch arbeiten, und wenn ich nicht auf Michael aufpasse, wer soll es tun?« In ihrem Haus hatte sich nichts verändert. Sie hatte für einen Besucher immer noch ein großes Stück Kuchen und würde ihm Kaffee zubereiten. Sie würde ihm auch sagen, daß sie in diesen Tagen kaum etwas essen könne und daß sie sich überhaupt nicht wohl fühle.
Am Tag, als die Familie Elkan nach Argentinien abreiste, zeigte Tante Rosal, wie es ihr wirklich zumute war. Sie wandte sich zu Onkel Hermann, der sein Bestes versuchte, Scherze zu machen, um seine wirklichen Gefühle zu verbergen. »Alter, verrückter Langer.« »Du bist ein Taugenichts«, und damit ging sie zu ihrem Geldschrank und gab ihm drei alte Goldstücke. »Ich werde dich nie wiedersehen«, sagte sie und umarmte und küßte den großen Mann.
Tante Rosal sah weder die Elkans noch die Kellers von gegenüber wieder. Es war Krieg, aber seine Schrecken hatten das ruhige Schlafzimmer, in dem Tante Rosal im Herbst 1940 als eine Frau von 76 Jahren starb, noch nicht erreicht. Die alten Lehnstühle mit rotem Samt und geraden Rückenlehnen standen noch an ihren alten Plätzen. Der Stuhl, in dem ihr Vater vor 40 Jahren gesessen hatte, als seine Beine vom vielen Gehen gelähmt waren, stand noch im Wohnzimmer unter den Bildern von ihm und seiner Frau. Der Küchenherd glänzte wie eh und je. Oben in ihrem Schlafzimmer tickte der alte Wecker weiter, so regelmäßig und eintönig, wie er es ein halbes Jahrhundert lang getan hatte.
Kurz vor ihrem Tode tat sie, was ihre Mutter schon vor ihr getan hatte. Unter ihrem Kopfkissen zog sie einen Schlüsselbund hervor, gab ihn ihrem Bruder Michael und sagte: »Erinnerst du dich, als unser Mütterchen, sie ruhe in Frieden, starb, gab sie mir die Schlüssel zum

Geldschrank, und jetzt mußt du sie nehmen. Ich brauche sie nicht mehr.« Am nächsten Tag war Tante Rosal tot. Die eiserne Fußmatte, leicht aufwärts gebogen, erklang noch einmal unter den schweren Schritten von Onkel Michael und meinem Vater, als sie das alte Haus hinter dem Sarg von Tante Rosal verließen.

Meine Eltern

Mein Vater hat zusammen mit meiner Mutter einen verzweifelten und verlorenen Kampf um Existenz und Überleben seit dem schicksalsvollen Jahr 1933 geführt. Wie die ganze »Herrschaft« haben auch sie nicht geglaubt, daß das neue Regime von Dauer sein würde. Und als es sich trotzdem hielt, glaubten sie, noch eine Weile warten zu können. Vater wollte nicht nach Argentinien. Geduldig und zäh, gegen alle Schwierigkeiten kämpfend, die die neue Regierung ihm in den Weg legte, hielt er seine Geschäfte hoch und bereitete sich vor, nach Palästina auszuwandern. »Jetzt, wo ich alles zurücklassen muß, wo mir alles, was ich in Jahren harter Arbeit erreicht habe, abgenommen wurde, will ich wenigstens, daß meine Sehnsucht nicht umsonst gewesen ist. Ich will nach Palästina gehen«, pflegte er zu sagen, wenn er mit Onkel Hermann diskutierte, warum er nicht nach Argentinien wollte. »Ein Jude muß nach Palästina gehen. Nur da können wir frei sein.« So ging er unverzagt weiter, aber dann, ganz plötzlich, war alles zu spät. Meine älteste Schwester war fast drei Jahre vor der Kristallnacht nach Palästina ausgewandert. Sie hatte alles versucht und einflußreiche Leute dort angefleht, ihr ein Einreisevisum für ihre Eltern zu beschaffen. Aber die britische Mandatsregierung stellte nur sehr wenige dieser lebensrettenden Genehmigungen aus, die jeder Jude benötigte, um in seine alte Heimat zu kommen. Andererseits versuchten in dem Land, welches Schrecken und Tod für die Juden bedeutete, Tausende von verzweifelten Menschen, in den Besitz einer solchen Erlaubnis, Zertifikat genannt, zu kommen, um das Land verlassen und nach Palästina einwandern zu können. Aber es gab zu wenig solcher Genehmigungen, die Leben bedeuteten.

Vater wollte sich noch nicht damit abfinden, in Deutschland bleiben zu müssen. Er würde in irgendein Land auf Erden gehen und dort warten, bis man ihm erlauben würde, in Palästina einzuwandern. Er konnte jetzt nicht mehr nach Argentinien gehen, obwohl er selbst das inzwischen in Betracht zog. Er hätte sich dafür Jahre früher anmelden müssen, zu einer Zeit, wo Argentinien für ihn noch genauso abwegig war wie beispielsweise China. Diese letzten Jahre lasteten schwer auf ihm. Seine Beine trugen seinen schweren Körper kaum noch, und er sprach manchmal von seinem Vater, dessen Beine den Dienst versagten, als er älter wurde. Er wußte, daß er als Bauer den Kampf mit der Erde nicht wieder aufnehmen konnte.

Nach der Kristallnacht zwang die Regierung meinen Vater, seinen Hof zu einem vom Staat festgelegten Preis zu verkaufen. Einmal verkauft, übernahm der Staat die Einnahmen und gab meinen Eltern nur eine monatliche, festgesetzte Summe. Man sagte meinem Vater, daß er in ein paar Jahren an der Reihe sei, wenn er sich in die Warteliste für Palästina eintragen würde. Aber er wußte, daß es selbst in einem Jahr zu spät sei. Jedes Land hatte seine eigenen Bedingungen und verlangte eine große Summe Geldes, um sicherzugehen, daß man dem jeweiligen Land nicht zur Last fallen würde. China war in der Tat für ihn sehr weit entfernt, aber zu diesem Zeitpunkt hätte auch er, wie viele andere, in Erwägung gezogen, dorthin zu gehen, trotz der schrecklichen Geschichten, die man von dort erzählte, über die fürchterliche Not und Verzweiflung derer, die gewagt hatten, sich nach Shanghai einzuschiffen. Aber auch da mußte man seinen Platz in der Reihe der Hoffnungslosen einnehmen.

Anfang 1939 erhielt die Hoffnung meiner Eltern noch einmal neuen Auftrieb. Ein Hoffnungsstrahl schien in ihre kleine Hinterküche, den einzigen Raum, der ihnen von dem großen Bauernhof noch geblieben war, dessen Besitzer sie einst waren und der jetzt von dem neuen Eigentümer bewohnt wurde. Es war ein kalter, dunkler Februarmorgen im Jahre 1939. Der Zug, der mich in Sicherheit bringen sollte, stand auf dem Bahnsteig. Ich hoffte, daß dieser Zug in ein paar Tagen meine Schwester und vielleicht in ein paar Monaten auch meine Eltern in Sicherheit bringen würde. Aachen war die Grenzstation, und gleich dahinter erstreckten sich die noch freien Städte und Dörfer von Belgien und Holland. In etwas über einer Stunde würde der Zug durch die fruchtbare Ebene Belgiens fahren und mich direkt zum Kanalhafen nach Ostende bringen. Ich war der einzige Reisende, der in den Zug einstieg. Ins Ausland zu reisen, das Land zu verlassen, war nur Auswanderern gestattet oder denen, die einen besonderen Auftrag im

Interesse des Staates hatten. Reisende gab es nur wenige, um so mehr Zollbeamte und Wachsoldaten. Die Männer, von deren Laune die Ausreise abhing, waren die finsteren, großen Gestalten in schwarzer Uniform.

Als mir endlich erlaubt wurde einzusteigen, ging ich ans Fenster, um nach meinen Eltern Ausschau zu halten, die ich nicht sehen konnte, bis ich das Zollgebäude verlassen hatte. Sie standen in einigem Abstand da, durften aber nicht in die Nähe des Zuges kommen. Ich winkte zaghaft, doch voller Furcht nach der Kontrolle, durch die ich gerade gegangen war. Aber selbst das war schon zuviel. Ein Mann in schwarzer Uniform kam schnell auf mich zu. »Du Judenschwein, ein Zeichen oder Wort noch von dir, und wir halten dich hier. Du bist durch den Zoll.« So stand ich nun am Fenster des Zuges. In der Ferne stand ein stummes, alterndes Paar, zu dem ich weder wagte zu sprechen noch ein letztes Lebewohl zu winken. Ich konnte nur sehr undeutlich ihre Gesichter im Licht des kommenden Morgens sehen. Ein paar Stunden vorher hatten erst mein Vater und dann meine Mutter ihre Hände auf meinen gebeugten Kopf gelegt, mich zu segnen und Gott zu bitten, mich wie Ephraim und Menasse werden zu lassen. »Laß es dir gutgehen, tu deine Arbeit und deine Pflicht, und wenn Gott will, werden wir dich wiedersehen. Vergiß nie, daß du Jude bist, vergiß nicht dein Volk und vergiß uns nicht«, so sprach mein Vater und seine Augen wurden feucht. »Mein Junge, es mag sein, daß wir dir folgen werden, aber du wirst immer bei mir sein, bei deiner Mutter.« Tränen liefen über ihr liebes und trauriges Gesicht. Mit letzter Anstrengung fuhr sie mit den alten, vertrauten hebräischen Worten fort: »Geh jetzt in Leben und Frieden.« Als ich im Zug am Fenster stand, überkam mich die unheimliche Gewißheit, daß ich meine Eltern nie mehr wiedersehen würde.

Sie standen dort allein und todtraurig. Grausame Hände trennten uns in diesen intimsten Augenblicken. Ich mußte mich zwingen, einen leidenschaftlichen, rebellierenden Schrei gegen all diese sinnlose Grausamkeit und unmenschliche Brutalität zu unterdrücken. Da standen nun meine Eltern, ein alter Mann, der sich schwer auf seinen Stock stützte, und seiner Frau die Hand hielt. Es war das erste und letzte Mal, daß ich beide weinen sah. Hin und wieder streckte Mutter ihre Hand aus, als ob sie meine fassen wollte. Aber die Hand fiel wieder hinunter, da sie die meine doch nicht erreichen konnte. Kann die Welt

je die Schmerzen, die in meines Vaters Augen brannten, sühnen? Seine Augen waren immer so lieb und sanft, aber jetzt voller Trauer aus Angst und Furcht vor dem Alleinsein. Sie waren wie die Augen eines Kindes, welches die Güte des Gesichtes seiner Mutter und den Schutz seines Vaters sucht.
Als der Zug aus der Station herausfuhr, um mich in Sicherheit zu bringen, lehnte ich mein Gesicht gegen das kalte Fensterglas und weinte bitterlich. Die Menschen, die den Kanal überquert haben aus der Todesfurcht in die Sicherheit, können verstehen, was es heißt, auf die zu warten, die noch zurückgeblieben sind, die sich nach der Überfahrt sehnen, aber diese weißen Kreidefelsen, die hoch über das Wasser herausragen, nie erreichen werden. Monate vergingen, und die letzte Hoffnung zerrann.
In England erlebte ich einen schönen Frühling. April und Mai waren in London besonders schön. Angenehm und wohltuend war es, die taufrische, sonnige Morgenluft in Hampstead zu atmen, durch die noch ruhigen Straßen zur nahen Untergrundbahn zu gehen, sich außerhalb der Haltestelle eine Zeitung zu kaufen, aus dem schnellfahrenden Zug im Westend wieder auf die Straße zu gelangen, um dann seiner täglichen Arbeit nachzugehen. Viele Menschen füllten die Straßen und Plätze. Gutangezogene Leute grüßten mit einem Lächeln oder einem kurzen Kopfnicken. Der große Polizist beugte sich zu mir herunter und hörte sich geduldig mein schlechtes Englisch an.
Aber man konnte sich nicht freuen, wie man es gerne getan hätte. Botschaften und Konsulate selbst der kleinsten Länder waren in großen Häusern untergebracht. Die Menschen dort waren sehr höflich, aber man verließ diese Gebäude wieder mit mehr Furcht und weniger Hoffnung für die, deretwegen man gekommen war. Die Möglichkeit, meine Eltern aufzunehmen, war in allen Ländern gleich aussichtslos. »Haben Sie genug Geld, damit Ihre Eltern ohne zu arbeiten dort leben können?« »Eine kleine Summe könnte aufgebracht werden.« »Haben Ihre Eltern einen gültigen Paß?« »Nein, weil sie erst einen Paß zur Auswanderung beantragen können, wenn sie ein Visum und die Erlaubnis des Landes haben, in das sie einreisen wollen.« »Ja, ich verstehe, aber sie können erst ein Visum erhalten, wenn sie einen gültigen Paß haben.«
Aus Frühling wurde Sommer. Meine Eltern lebten noch immer in dem Bauernhaus in der kleinen Küche und warteten darauf, zu ihren

Kindern fahren zu können. Als der Monat August vorbei war und die ersten Septembertage ihre Schatten auf das noch friedliche Land warfen, sprach eine Stimme über das Radio. Diese Stimme schrie jedoch nicht, sie war eher müde und traurig, die Stimme eines verzweifelten, enttäuschten Mannes. »Wir sind mit Deutschland im Krieg.« Von meinen Eltern kam eine Briefkarte. Mutter schrieb wie immer, nur war der Brief kurz. »Meine Lieben, wir haben große Angst um Euch. Wir haben umsonst gewartet, wir werden Euch nie wiedersehen. War für uns alte Leute in der ganzen Welt kein Platz? Ich weiß, wir werden nicht mehr lange leben, jetzt, wo keine Hoffnung mehr bleibt. Wir sind so allein und verlassen. War denn da niemand, der hätte helfen können?« »Meine Lieben, Mutter ist nicht mehr in der Lage weiterzuschreiben. Deshalb beende ich den Brief. Vielleicht gibt es noch eine Chance, zu unseren Verwandten nach Dänemark zu gehen. Schreibt ihnen, und wir werden das auch versuchen. Wir denken an Euch. Mit Gottes Hilfe werden wir etwas erreichen. Alles Liebe und Küsse. Euer Vater.« Dann erhielten wir einen Brief durch das Rote Kreuz. Dann noch einen zweiten, aber der zweite kam mit einer anderen Adresse, wenn auch aus derselben Stadt. »Liebe Kinder! Uns beiden geht es gut. Wir können noch gut arbeiten und hoffen, uns wiederzusehen. Michael, seine Frau und sein Sohn sind noch hier. Alles Liebe und Küsse, Vater, Mutter.«
Das war die letzte Nachricht, die ich von meinen Eltern erhalten habe. Sooft es erlaubt war, sandte ich ähnliche kurze Nachrichten hinüber in das Land der Furcht. Aber ich erhielt von meinen Eltern nie mehr eine Antwort. Hatte dieses Land jede Möglichkeit zwischenmenschlicher Verbindung, die selbst im modernen Krieg noch erlaubt war, nämlich Lebens- und Liebeszeilen denen zu senden, die einem nahestanden, verboten? Nur tropfenweise sickerten Nachrichten durch.
Briefe über das Rote Kreuz waren noch erlaubt, vorausgesetzt, daß die Menschen im Land der Tyrannei noch lebten und in der Lage waren, solche Briefe zu schreiben. Nachdem so genug durchgesickert war, stellten wir fest, daß es Tränen waren, Tränen von entsetzten, gejagten und gefolterten Juden. Juden, die zu Tausenden in Duschräume mit starken, undurchdringlichen Mauern getrieben wurden. Wie sie da standen mit vor Entsetzen weit geöffneten Augen, ihre Herzen voller Furcht und Angst, strömte tödliches Gas in die Kammer, die, voll von Menschen, hermetisch von der Außenwelt abgeriegelt war.

Diejenigen, die draußen standen und warteten, hörten die halberstickten Schreie der von Entsetzen ergriffenen Menschen drinnen. Sie schlugen mit ihrer letzten Kraft gegen die harten, undurchdringlichen Mauern der Gaskammern, bis die schrecklichen Schreie leiser und leiser wurden und schließlich ganz verstummten. Das Schlagen gegen die Mauer verlor seine Kraft, und dann war auch das vorbei.
Frische Luft, wie sie von Menschen geatmet wird, wurde in die Gaskammer gepumpt, damit die Wächter eintreten und die nackten Leiber entfernen konnten; Leiber, deren entstellte und verzerrte Gesichter noch von der Panik und dem verzweifelten Kampf um Luft und Leben zeugten. Schwarzer Rauch kam aus dem Schornstein des Ofens, in dem die Leiber verbrannt wurden, während wieder Schreie derer gehört wurden, die gerade in die jetzt leeren Gaskammern getrieben wurden.
Während diese Nachrichten über eine Welt verbreitet wurden, die für eine lange Zeit solche Vorgänge nicht glauben wollte und konnte, erhielt ich aus der Schweiz einen anonymen Brief, von wem, werde ich wohl nie erfahren, in dem stand, daß meine Eltern und Michael Lucas, seine Frau und sein Sohn in ein Ghetto nach Polen verschickt wurden. Ihr wirkliches Ende wird immer unbekannt bleiben.
Zu dieser Zeit war fast der ganze Kontinent von der deutschen Schreckensherrschaft erfaßt. Diejenigen der Familie, die sich in Holland niedergelassen hatten, waren wieder leicht in die Reichweite des mörderischen Feindes geraten. Die Jahre vergingen langsam, und die Kriegsgreuel hatten die Herzen der Menschheit ergriffen und sie mit ihrem Würgegriff fast zerdrückt, bis eines Tages die Armeen der freien Welt durch Europa vorwärts stürmten in das Land der Greuel und Furcht.
Zum erstenmal las ich seit Jahren in den offiziellen Militärberichten die alten vertrauten Namen. In und um Aachen, der Stadt, in der ich geboren wurde und in der mein Elternhaus stand, gab es schwere Gefechte. Aber ich fühlte weder Schmerz noch Trauer, als ich von der großen Zerstörung der Stadt las. Die Allierten waren auf dem Weg nach Jülich, der kleinen Stadt, in die der »verrückte Simon« jahrelang seine Kühe geführt hatte. Auch der Name des Dorfes Hoengen erschien in den Berichten, das Dorf, in dem die »Herrschaft« gelebt und in dem sie stolz ihre neue Synagoge gebaut hatte, wo meines Vaters Elternhaus stand, das Haus, in dem Tante Rosal bis zu ihrem Tode

regierte wie vorher ihre Mutter. Städte und Dörfer jenseits der holländischen Grenze wurden befreit. Bald war das ganze Gebiet, in dem die »Herrschaft« früher gelebt hatte, von dem gehaßten und brutalen Feind meines Volkes und der ganzen Menschheit befreit. Ob einer der »Herrschaft« dort noch lebte? Würde ich von einem der Kellers, Elkans oder Lucas, denen es nicht gelang, das Land oder sogar Europa zu verlassen, je wieder etwas hören? Mehr als ein Jahr war seit dem Ende des Krieges in Europa vergangen. Über das Schicksal und Ende von vielen der »Herrschaft« werde ich nie etwas erfahren. Doch bei aller Bescheidenheit bin ich sicher, daß es trotz all der Zerstörung ein Überleben gibt. Ein Rest, der übrigblieb, wird zurückkehren.

Die Kellers

Kurz nach der Befreiung Hollands erhielt ich von meinem Vetter Leo Keller einen Brief. Leo lebte mit seiner Frau in New York. Soweit ich aus seinem Brief ersehen konnte, lebte Leo seinen alten, gewohnten Lebensstil weiter. Das Foto, welches er mit dem Brief mitgeschickt hatte, zeigte mir das wohlbekannte Gesicht. Es sah so aus, als ob er etwas schwerer geworden sei. Ich wäre darüber nicht erstaunt. Dieser hübsche, erfolgreiche Mann ähnelte immer sehr meinem Vater, der in seinen mittleren Jahren auch immer ungefähr zwei Zentner gewogen hatte. Das wichtigste dieses Briefes jedoch war ein Zeitungsausschnitt, welchen ich mit zitternden Händen hielt.
Ein alter holländischer Jude stand neben Josef Keller, als er den gelben Judenstern von Onkel Josefs Rock schnitt. Josef Keller war damals 84 Jahre alt. Doch es war noch dasselbe alte, liebe Gesicht, welches ich im Foto vor mir sah. Was ich in dem Brief las, war gleichzeitig erfreulich und traurig. Nach der Besetzung Hollands durch die Deutschen war die Familie Keller noch einmal in die tödlichen Klauen der Unterdrücker geraten. Walter, seine Frau und ihre kleine Tochter wurden nach Polen gebracht, ebenso Herta, die jüngste Tochter, mit Mann und Kind. Josef Kellers jüngstem Sohn Ernst gelang es jedoch, sich und seine alten Eltern zu retten. Kaum war Holland von den Deutschen besetzt, ging Ernst in die Untergrundbewegung der Holländer. Er fand für seine Eltern eine leere Hütte, hinter einem Haus im Garten versteckt. Er möblierte sie so gut er konnte mit zwei schmalen Betten,

einem Tisch und ein paar Stühlen, die er selbst zusammenzimmerte. Gehetzt und jeden Augenblick sein Leben riskierend, versorgte er seine Eltern während fünf Jahren in einem Krieg, der nie ein Ende zu nehmen schien. Als er dann endlich zu Ende ging, lebten seine Eltern noch, obwohl seine Mutter, Tante Hanna, fast blind war.
Sobald es möglich war, schrieb ich ihnen. Es dauerte sehr lange, bevor ich von ihnen eine Antwort erhielt. Onkel Josef schrieb in einer noch klaren, leserlichen Schrift. Er dankte Gott, daß sie noch lebten und war voll des Lobes und stolz auf seinen Sohn Ernst. Aber er fragte auch, ob es wirklich der Mühe wert sei, noch zu leben, während Kinder von Mörderhand sterben und die alten Eltern zuschauen mußten. Ob das Leben nicht seinen Sinn verloren hätte, wenn die Zeit zu sterben für jung und alt sich ins Gegenteil verkehrt habe. Er schrieb weiter, daß es zu traurig wäre, etwas über diejenigen der Familie, die jenseits der Grenze geblieben waren, zu berichten. Man würde nie erfahren, was aus ihnen geworden sei. Es sei besser für uns, sich keine Hoffnungen zu machen. Eines wünschte er sich jedoch noch vor seinem Tode, er wollte nach Palästina fahren. »Ich bin hier gut aufgehoben«, fuhr er fort, »mein Sohn Leo tut soviel für uns, daß wir nicht wissen, wie wir ihm danken sollen, aber das Leben hier ist eine tote Welt für uns. Wenn Gott es so will, werde ich Jerusalem noch sehen. Meine Tochter Anni versucht eine Einreiseerlaubnis für uns zu bekommen. Da Du selbst jetzt in Palästina lebst, ist es möglich, daß wir uns wiedersehen.« So schrieb der alte Mann. Für Leo Keller genügte es nicht, von jenseits des Ozeans seine Eltern zu unterstützen. Sobald er einen Platz im Flugzeug bekam, flog er nach Amsterdam und fuhr von da durch das einst schöne, jetzt vom Krieg zerstörte Holland in die kleine Stadt, in der seine Eltern noch lebten. Er blieb sechs Wochen bei ihnen, und man kann sich als Außenstehender die überwältigende Freude kaum vorstellen, als Josef und Hanna Keller ihren ältesten Sohn wiedersahen. »Tröste dich, tröste dich, mein Volk, spricht der Herr.« Nach Beendigung des Krieges hatte ich das grüne und freundliche Land, dieses England, welches ich lieben gelernt hatte, verlassen. Ich übersiedelte nach Palästina, reiste durch das blühende Land und die sich schnell entwickelnden Städte. Neun Jahre vorher war ich zu einem Besuch in Palästina gewesen und konnte vergleichen, welchen Fortschritt das Land seitdem gemacht hatte. Neun Jahre früher hatten meines Vaters Augen Freude und Enthusiasmus für unser Alt-Neu-

land gezeigt, welches er inbrünstig zu erreichen hoffte. Ich besaß nur die Erinnerung an die leuchtenden Augen meines Vaters. Ich mußte die meinen schließen, um nicht zu intensiv daran zu denken, wie seine Augen für immer geschlossen wurden.

Auf einer der Hauptstraßen von Jerusalem befindet sich eine bekannte, gutgehende Metzgerei. Hier arbeiten meine Cousine Anni, Josef Kellers Tochter, und ihr Mann den ganzen Tag in ihrem inzwischen gut eingeführten Geschäft. Stundenlang haben wir abends oder am Sabbat von vergangenen Zeiten gesprochen, von Geschichten über die »Herrschaft«, ihre Vergangenheit, ihre Zerstörung und ihr Überleben. Wenn die Erinnerungen an den Tod zu schwer wurden, ging man zu Lustigerem über, um über den »verrückten Simon«, Samuel de Bergh und deren Abenteuer zu lachen. Wir amüsierten uns mit dem nötigen Respekt selbst über die Klagen und das Jammern von Tante Rosal. Aber wenn wir zum Essen niedersaßen, war es, als ob die Vergangenheit unvermeidlich in die Gegenwart gezogen würde. »Warum ißt du so wenig, warum willst du nicht noch etwas Fleisch haben?« Und Annis Stimme klang in demselben Dialekt, den die »Herrschaft« in ihrem Dorf gesprochen hatte. Als ich Anni durch das Schaufenster beobachtete, wie sie ihre Kunden bediente, in ihrer sauberen, weißen Kittelschürze, sah sie aus wie ihre Mutter, die einst in der ganzen Gegend für ihre Schönheit berühmt war. Ihre Mutter war alt und fast blind, aber sie hoffte dennoch, mit ihrem Mann ins Heilige Land und nach Jerusalem zu kommen, »sie sehen, bevor ich sterbe«. Und sah Tante Hanna, Annis Mutter, nicht genauso aus wie meine Großmutter, Mütterchen, wie sie von ihren Kindern genannt wurde? In der geschäftigen Durchgangsstraße von Jerusalem blicke ich durch das Schaufenster einer Metzgerei, und die Kette der Generationen setzt sich fort. »Ein Rest, der noch übrigblieb, ist zurückgekehrt.«

Die Elkans

In Jahren harter Arbeit bauten die Elkans die Farm auf, die sie in Argentinien übernommen hatten. Die ganze Familie wohnte zusammen. Beide Mädchen sind verheiratet und haben Kinder. Hermann Elkan, der jetzt 70 Jahre alt ist, hält noch die Zügel der Farm wie auch die der Familie in seinen Händen. Seine kleine Frau, die ihn so gut im

Zaum halten konnte, lebt noch und ist weiter Seele und Mittelpunkt des Hauses. Sie macht ihn noch immer darauf aufmerksam, leiser zu sprechen, wenn er seine Stimme erhebt, um seinen Willen durchzusetzen. Jupp, sein robuster Schwiegersohn, hat sich als eine unschätzbare Hilfe erwiesen. Die Familie Elkan ist in Argentinien seßhaft geworden, obwohl von Zeit zu Zeit beunruhigende Nachrichten aus diesem Land kommen. Juden leben auch dort nicht ungestört.
Walter, der einzige Sohn von Hermann und Emma Elkan, lebt seit mehr als 10 Jahren in Palästina, und von Palästina nach Argentinien zu kommen, ist eine weite Reise, vor allem für die, welche nicht das Geld haben, einfach einen Dampfer zu besteigen und ein weit entferntes Land zu besuchen. In jedem Brief stellen Walters Eltern die ängstliche Frage, werden sie ihren Sohn wiedersehen, bevor sie für immer ihre Augen schließen? Vielleicht werden Walter, seine Frau und ihre junge Tochter, die ihre Großeltern nie gesehen hat, eines Tages die lange und teure Reise nach Argentinien machen, sie zu sehen, bevor sie sterben. Für den Augenblick kann er nur hoffen, daß seine Eltern einen friedlichen Lebensabend haben und nicht wieder von Verfolgung und Unterdrückung bedroht werden.
Walter war jahrelang Busfahrer. Wie alle anderen der Familie hatte ich während des Krieges nichts von ihm gehört, mit Ausnahme von gelegentlichen Grüßen, die meine Schwester von ihm in ihren Briefen schickte. Ich war nur ein paar Stunden in Jerusalem, als ich einen Bus bestieg. Der Fahrer, dem ich mein Geld gab, war mein Vetter Walter Elkan. Lachende, verständnisvolle Fahrgäste sahen zu, wie ein geplagter Busfahrer, der sowohl Fahrgeld annimmt als auch fahren muß, statt dem Fahrgast die Fahrkarte zu geben, beide Arme um dessen Hals wirft und ihn küßt. Hinter den Fahrersitz geklemmt fuhr ich mit Walter zur Endstation. Ich hatte Anni durch das Fenster ihres Geschäftes beobachtet, wie sie ihre Kunden bediente, jetzt sprach ich mit Walter Elkan denselben alten, heimischen Dialekt, den die »Herrschaft« in Hoengen gesprochen hatte. Bevor wir uns niedersetzten, um uns nach dem Schicksal der Familienmitglieder zu fragen, versuchten wir unsere Gefühle hinter alten, lustigen Geschichten zu verbergen. Als wir endlich an der letzten Station angekommen und die Fahrgäste ausgestiegen waren, fiel der müde Fahrer auf sein Steuer und sagte mit einem tiefen Seufzer in der klagenden Stimme von Tante Rosal: »Oha, ich bin ein arm, alt Mensch.«

Die Lucas

Zwei Töchter von Michael Lucas hatten vor Ausbruch des Krieges das Land verlassen. Seine jüngste Tochter hatte geheiratet und war mit ihrem Mann nach Argentinien ausgewandert. Seine älteste Tochter, Mutter von drei Söhnen, lebt in Jerusalem. Wir, die drei Kinder von Michaels jüngerem Bruder, warteten und hofften wie sie auf ein Zeichen oder ein Nachricht von unseren Eltern. Es wird nie kommen. Wie Millionen anderer Juden wissen auch wir nicht, wo die Gräber unserer Eltern sind, wenn überhaupt Gräber der Millionen Ermordeten gefunden werden können. Der moderne Mörder hat Methoden entwickelt, seine Opfer so zu zerstören, daß kein Grabstein von der Ungeheuerlichkeit seines Verbrechens erzählen kann.

Max Voss

Unter den Millionen Ermordeten ist auch Max Voss, der kleine Viehhändler des Dorfes, der Mann, der eine mächtige Figur wurde, wenn er vor der Heiligen Lade in der Synagoge stand, der zusehen mußte, wie der Schrein zerstört und die Thorarollen verbrannt wurden. Möge die Welt nie vergessen, daß dieselben Flammen, die brutal und geschickt angezündet, eine ganze Welt mit ihrer Glut verzehrt haben! So ging es auch den anderen Kellers, Elkans und Lucas, die früher in den drei kleinen Dörfern Hoengen, Warden und Langweiler gelebt haben. Die meisten von ihnen sind gestorben oder auf die grausamste Art umgekommen, die je der Menschheit auferlegt wurde. Einige ihrer Kinder haben überlebt und sind über die ganze Welt verstreut. Einige haben eine neue Heimat im alten Land des jüdischen Volkes, in Palästina, gefunden. Aber die »Herrschaft« ist nicht zerstört worden. Erst wenn der letzte Jude in dieser Welt getötet wäre, würde die »Herrschaft« aufhören zu bestehen. Die »Herrschaft« war ein Teil des Volkes, welches mehr als 2000 Jahre einen heroischen Kampf ums Überleben geführt hat. Einfach, stark und zäh gingen sie fleißig ihrer täglichen Arbeit nach. Sie waren stolz auf ihre körperliche Kraft, wie sie stolz darauf waren, den Boden, den sie ihr eigen nannten, zu bearbeiten. Einfach wie sie waren, glaubten sie an eine Zukunft. Sie wußten um das Schicksal und den Weg ihres Volkes in Vergangenheit und

Zukunft. Sie drückten ihren Glauben in die Zukunft ihres Volkes aus, indem sie ihre Kinder in der kleinen, unscheinbaren jüdischen Dorfschule unterrichten ließen. Sie drückten es sich selbst gegenüber aus in ihrer Hingabe und Zugehörigkeit zu ihrer Synagoge, als Mittelpunkt ihres geistigen Lebens und ihres Gemeindelebens. Sie drückten den Stolz und den Glauben an ihr eigenes Volk aus in ihren nachbarlichen Freundschaften und auch in Zusammenstößen mit jedem, der das jüdische Volk beleidigte und beschimpfte oder der einen einzelnen verspottete, den er zufällig traf. Die »Herrschaft« respektierte die Welt und ihre Gesetze, und sie erwartete von der Welt, daß sie auch ihre Lebensweise respektierte. Obwohl sie seit Generationen in derselben Gegend, ja im selben Dorf wohnte, wußte sie, daß sie dort doch nicht ganz zu Hause war. Vielleicht dachte sie an ihr altes Heimatland, an das sie bei jedem Schritt in ihrem religiösen Leben erinnert wurde, entweder in der Rückschau auf eine dunkle Vergangenheit oder in der Vorausschau auf eine ferne Zukunft. Wenn das Schicksal es nur einigen Überlebenden der »Herrschaft« erlauben würde, die ferne Zukunft des messianischen Versprechens in die direkte Gegenwart vorzuziehen, hätte die »Herrschaft« trotzdem nichts an ihrem Glauben und ihrer Hoffnung auf das messianische Versprechen geändert. Genau wie die »Herrschaft« immer bewußt ein Teil des jüdischen Volkes war, so teilte sie ihre Hoffnungen, ihren Glauben und ihr Streben mit denen des ganzen Volkes. Die »Herrschaft« war ein Glied in der Kette der Generationen von Juden. Sie hat auf ihre einfache Weise den Willen eines Volkes beibehalten, zu leben und zu überleben, zu bauen und zu pflanzen auf eigenem Boden im eigenen Land, dem Land Israel oder, wie es die »Herrschaft« in ihrer eigenen Sprache ausdrückt, in »Eretz Israel«.

Epilog

Unter sengender Sonne zieht der Traktor unentwegt über das Feld und läßt eine braune Staubwolke hinter sich. Der Pflug gräbt sich tief in den harten Boden, und unter der scharfen Pflugschar bricht er trokkene Klumpen Erde auf. Feldeinwärts preßt der Binder die losen Strohhalme, die nach der frühen Ernte noch das Feld bedecken, in saubere, rechteckige Ballen zusammen. Ein Gespann Maulesel trottet zwischen Mais- und Sonnenblumenfeldern den Sandweg hinunter und zieht einen Wagen mit dem Essen für die, welche auf den Feldern jenseits des Tales arbeiten. Die Leute würden zuviel ihrer kostbaren Zeit verlieren, müßten sie den ganzen Weg zur Siedlung zurückgehen.

Es ist ein brennend heißer Tag, wie alle Tage im Sommer in Palästina, und die staubige Luft wirkt erstickend. Sie ist voll von dem Lärm der nah und fern hart arbeitenden Leute, Tiere und Maschinen. Das ist die einzige Antwort, welche wir alle hier geben können auf das ungeheuerliche Elend, das Gewaltherrschaft und Krieg über das jüdische Volk gebracht haben. Wir werden fortfahren, dieses unser Land als die wirkliche Heimat des jüdischen Volkes, des Restes, der noch übrigblieb, aufzubauen. Überwältigendes und erdrückendes Unglück kam über Millionen von uns. Es ließ das verwundete und kranke menschliche Herz allein zurück. Von dem Unglück wurde jeder direkt betroffen.

Werde ich es je begreifen können, werde ich je ergründen können, warum die gütigen, hilfesuchenden Augen meines Vaters den langsamen, methodisch organisierten Tod von sich, meiner Mutter und all denen, die mit ihm im Todeslager waren, erblicken mußten? Ich muß mich hüten, die Vorstellung dessen, was ihnen geschehen ist, zu tief in mich eindringen zu lassen. Wenn ich das tue, wird das Grauen mich erfassen und mich mit all seinem Schrecken in den Abgrund ziehen, aus dem es kam. Laßt mich den Traktor über die Felder fahren, damit die Erde Pflanzen hervorbringt und Menschen leben können. Wenn die Sonne indessen hinter den Hügeln des Tales untergegangen und es kühl geworden ist, wird die Arbeit beendet. Es ist friedlich und ruhig

über dem sternenbesäten Himmel von Palästina. Eine Welt voller Aufruhr und Unruhe scheint weit fort zu sein.
Wie gern hätte mein Vater hier leben wollen, um ein Heim und Ruhe zu finden in einem Land, welches ihm immer heilig war. Ein Scheinwerfer durchbricht die Dunkelheit und wirft sein Licht über die Felder und Berghänge. Die Unruhe in der Welt hat an den Stränden Palästinas nicht haltgemacht. Der gequälte Schrei von Menschen, die noch an den entsetzlichen Folgen der fürchterlichen Verbrechen leiden, erfüllt das Tal in seiner Stille. Nein, ich darf mir nicht vorstellen, wie meine Eltern und mit ihnen viele andere gestorben sind. Ich könnte die Nacht nicht überleben. Aber vergessen werde ich nicht. Ich werde nicht vergessen, wie eine Gemeinschaft von Juden in einem kleinen Dorf ein einfaches, gutes Leben als anständige Menschen gelebt hat. Ich werde nicht vergessen, wie alles, was sie in Generationen aufgebaut haben, zerstört wurde. Ich werde nicht vergessen, wie sie letzten Endes hingemordet wurden, während eine ganze Welt teils hilflos, teils teilnahmslos zugesehen hat. So starben Millionen durch Hunger, Folter und Giftgas. Trotz der unvorstellbaren Zerstörung gibt es noch ein Überleben. Laßt den Traktor seine Furchen durch das Land von Palästina ziehen. Wir werden versuchen, neu anzufangen, wo die »Herrschaft« und Millionen anderer Juden mit ihnen haben aufhören müssen. Ich weiß, wenn mein Vater oder Onkel Michael, ja selbst Tante Rosal die schwer arbeitenden Menschen sehen würden, wie sie ihren Boden bearbeiten, würden sie zustimmend nicken und sehr stolz auf sie sein. »Wenn du es zu etwas bringen willst, arbeite selbst. Laß nicht andere die Arbeit für dich tun«, so sagten sie, wenn sie von einem Bauernhof oder einem Haushalt sprachen. So hätten sie auch gesprochen, wenn sie mit eigenen Augen die Arbeit und den Fortschritt der Juden in Palästina gesehen hätten. Die Worte der »Herrschaft« hätten sicherlich die Zustimmung der Juden in Palästina gefunden; denn das sind Aussprüche, die für die Juden in der ganzen Welt gelten, wenn nicht sogar zwingend sind. Ich werde meine Tränen zurückhalten und den Rat beherzigen, den der »Herrschaft«.

Die Zeit des Nationalsozialismus

Eine Buchreihe
Herausgegeben von Walter H. Pehle

Hertha Nathorff
Das Tagebuch der Hertha Nathorff
Berlin - New York
Aufzeichnungen
1933 - 1945
Band 4392

Der National-sozialismus
Dokumente
1933-1945
Walther Hofer (Hg.)
Band 6084

Franz Neumann
Behemoth
Struktur und Praxis des Nationalsozialismus 1933-1944
Band 4306

E. Oberländer (Hg.)
Hitler-Stalin-Pakt 1939
Das Ende Ostmitteleuropas?
Band 4434

Walter H. Pehle (Hg.)
Der historische Ort des Nationalsozialismus
Annäherungen
Band 4445
Der Judenpogrom 1938
Von der »Reichskristallnacht« zum Völkermord
Band 4386

Fred K. Prieberg
Musik im NS-Staat
Band 6901

Luise Rinser
Gefängnistagebuch
Band 1327

Ernst Schnabel
Anne Frank
Spur eines Kindes
Band 5089

G. Schoenberner
Der gelbe Stern
Die Judenverfolgung in Europa
1933 - 1945
Band 10601

Hans Scholl/
Sophie Scholl
Briefe und Aufzeichnungen
Inge Jens (Hg.)
Band 5681

Fischer Taschenbuch Verlag

fi 1710 / 4 e